AF276713

ACCESO GRATIS *a la Lectura en la Nube*

Para visualizar el libro electrónico en la nube de lectura envíe junto a su nombre y apellidos una fotografía del código de barras situado en la contraportada del libro y otra del ticket de compra a la dirección:

ebooktirant@tirant.com

En un máximo de 72 horas laborables le enviaremos el código de acceso con sus instrucciones.

LA JURA DE NACIONALIDAD EN ESPAÑA: ANÁLISIS DEL PROCESO DE *NOTARIALIZACIÓN*

LA JURA DE NACIONALIDAD EN ESPAÑA: ANÁLISIS DEL PROCESO DE NOTARIALIZACIÓN

María Dolores Ortiz Vidal
Prof. de Derecho Internacional
y Relaciones Internacionales
Universidad de Murcia

tirant lo blanch
Valencia 2026

Copyright ® 2026

En caso de erratas y actualizaciones, la Editorial Tirant lo Blanch publicará la pertinente corrección en la página web www.tirant.com.

Director de la colección:
ANDRÉS RODRÍGUEZ BENOT
Secretario de la colección:
CÉSAR HORNERO MÉNDEZ

© María Dolores Ortiz Vidal

© TIRANT LO BLANCH
EDITA: TIRANT LO BLANCH
C/ Artes Gráficas, 14 - 46010 - Valencia
TELFS.: 96/361 00 48 - 50
FAX: 96/369 41 51
Email: tlb@tirant.com
www.tirant.com
Librería virtual: www.tirant.es
DEPÓSITO LEGAL: V-5362-2025
ISBN: 979-13-7021-787-7
MAQUETA: Innovatext

Si tiene alguna queja o sugerencia, envíenos un mail a: *atencioncliente@tirant.com*. En caso de no ser atendida su sugerencia, por favor, lea en *www.tirant.net/index.php/empresa/politicas-de-empresa* nuestro Procedimiento de quejas.

Responsabilidad Social Corporativa
http://www.tirant.net/Docs/RSCTirant.pdf

Índice

I. INTRODUCCIÓN

En la actualidad, el ordenamiento jurídico español aboga por que los ciudadanos y sus derechos constituyan el *núcleo* de la acción pública. Prueba de ello es que, en el marco del Registro Civil, la reforma de las estructuras jurídicas que configuraban el estado civil de una persona (atendiendo al estado social, la religión, el sexo, la filiación o el matrimonio), ha traído como consecuencia la implantación de un nuevo modelo, muy distinto, que otorga prioridad y preferencia a la *historia de vida* de cada individuo.

En este nuevo modelo, se suprime el tradicional sistema de división del Registro Civil en secciones —nacimiento, matrimonio, defunción, tutela y representación legal— y se establece un registro único para cada ciudadano, al que se le asigna un código personal con la primera inscripción. Precisamente, la ley 20/2011, de 21 de julio, del Registro Civil, ha instaurado un novedoso modelo de Registro Civil, más moderno, único para toda España, informatizado y accesible electrónicamente, tal y como se desprende de su Preámbulo[1].

---

1   *BOE* núm. 175, de 22 de julio de 2011. Originariamente, la entrada en vigor de la norma y de su novedoso sistema estuvo prevista el 22 julio de 2014. Sin embargo, como es sabido, la Ley sufrió sucesivos aplazamientos y su *vacatio legis* se extendió hasta el 30 de abril de 2021.

La Ley 20/2011 conceptúa el nuevo Registro Civil como una sola base de datos, electrónica, en la que se practican asientos informáticos, lo que permite compaginar la unidad de la información con los criterios de gestión territorializada y de universalidad en el acceso. Desde esta perspectiva, la informatización del Registro Civil y su accesibilidad electrónica garantiza el derecho de todos los ciudadanos a acceder a los registros y archivos administrativos, *liberando* al individuo de la carga de acudir presencialmente a las Oficinas del Registro Civil y asegurando, a su vez, el establecimiento de una administración pública, transparente, eficiente y accesible para todos (art. 105 Constitución Española).

Este salto conceptual exige la *construcción* de una estructura organizativa muy diferente de la que hasta la fecha hemos conocido. Por esta razón, la Disposición final décima de la Ley 20/2011, del Registro Civil, establecía que, hasta su completa entrada en vigor, el Gobierno se reservaba la posibilidad de adoptar las medidas y los cambios normativos que estimara necesarios en los ámbitos relativos a la organización y al funcionamiento de los Registros Civiles. Esta situación trajo como consecuencia la aprobación de la Ley 6/2021, de 28 de abril, por la que se modifica la Ley del Registro Civil[2].

---

2   *BOE* núm. 102, de 29 de abril de 2021.

En particular, en lo que interesa al presente trabajo, la norma introdujo un nuevo apartado tercero, en el artículo 68 (art. Único. Catorce), que posibilitaba que las declaraciones de voluntad relativas a la adquisición de la nacionalidad española por residencia, carta de naturaleza y opción, así como su recuperación, conservación o pérdida; y las declaraciones de voluntad relativas a la vecindad civil pudieran realizarse, no sólo ante el Encargado del Registro Civil o funcionario diplomático o consular encargado del Registro Civil (tal y como sucedía antes de la entrada en vigor de la Ley 20/2011), sino también, ante Notario.

Esta decisión debe valorarse positivamente, principalmente, por dos razones: una es que el Notario, en su papel de fedatario público, es la figura adecuada para participar en este proceso porque proporciona seguridad jurídica y protege los derechos de los ciudadanos. Otra es que, la acumulación de expedientes, debida en gran medida a la falta de medios materiales y personales de la que adolecen los Registros Civiles, podía demorar durante meses que el ciudadano extranjero fuera considerado, a todos los efectos, ciudadano español.

En relación con este último motivo, la excesiva tardanza en la inscripción vulneraba el legítimo derecho a acceder a la ciudadanía española de aquellos emigrantes que ya habían acreditado cumplir todos los requisitos para ello. Sirva como ejemplo, la no posibilidad de obtener una partida de nacimiento, lo que implica la no expedición del Documento Nacional de Identidad, ni del pasaporte español.

Por el contrario, la formalización —mediante el acta correspondiente— de la jura o promesa de nacionalidad ante Notario es más ágil y rápida. Por este motivo, el Notario emerge como un nuevo protagonista en el procedimiento de jura o promesa de nacionalidad, facilitando —en un marco de legalidad y de transparencia— la integración del ciudadano en la sociedad.

En este contexto, cabe recordar que el procedimiento por el que se adquiere la nacionalidad española por opción, carta de naturaleza o residencia no finaliza con la resolución favorable del Ministerio de Justicia español. Nuestro ordenamiento jurídico exige la posterior jura o promesa de fidelidad al Rey y de obediencia a la Constitución Española y a las leyes (art. 23.a) Ley 36/2002, de 8 de octubre, de modificación del Código Civil en materia de nacionalidad[3]).

Ahora bien, respecto del acto de la jura o promesa de nacionalidad, pueden surgir dudas relativas a la práctica del procedimiento. Por esta razón, el presente trabajo se estructura en dos

---

3   *BOE* núm. 242, de 9 de octubre de 2002.

partes: la primera reflexiona, en esencia, sobre cuatro cuestiones: 1.ª) qué Notario debe declararse competente para practicar la jura y promesa de nacionalidad; 2.ª) en qué tipo de documento tiene que constar tal información; 3.ª) si procede la inscripción en el Registro Civil y en qué términos; y, 4.ª) sobre la incidencia de la libre circulación de documentos públicos en este escenario. La segunda parte incorpora un estudio comparado sobre la prestación de la jura o promesa de nacionalidad en los ordenamientos jurídicos de los veintisiete Estados miembros de la Unión Europea, con la finalidad de profundizar en la *figura* protagonista de este trabajo, desde una perspectiva global.

II. DETERMINACIÓN DEL NOTARIO COMPETENTE PARA PRACTICAR LA JURA O PROMESA DE NACIONALIDAD

En primer lugar, cabe preguntarse qué Notario, en concreto, resultará competente para practicar la jura o promesa de nacionalidad. En principio, parecería que el interesado podría elegir a cualquier Notario, a su conveniencia, de los que ejercen la función pública notarial en nuestro país[4].

---

4   Véanse, en este sentido, los artículos 3 y 126 del Reglamento de la Organización y Régimen del Notariado (*BOE* núm. 189, de 7 de julio de 1944).

Sin embargo, la Instrucción de la Dirección General de Seguridad Jurídica y Fe Pública, de 22 de diciembre de 2021[5], ha determinado que las declaraciones de voluntad relativas a la concesión de la nacionalidad española por residencia únicamente pueden realizarse ante el Notario competente del lugar del domicilio en España del solicitante que figure en la resolución de concesión. Por consiguiente, si el interesado reside, por ejemplo, en la calle Sierpes de Sevilla y así lo hizo constar en su solicitud de concesión de nacionalidad, sólo podrá firmar su escritura ante un Notario de Sevilla.

En particular, si el interesado hubiera cambiado de domicilio durante el proceso y el actual no coincidiera con el que figuraba en la resolución de concesión de la nacionalidad española, el interesado deberá acreditar dicho cambio para poder justificar la competencia del Notario del lugar en el que reside. Para ello, la Instrucción

---

5   Instrucción de 22 de diciembre de 2021, de la Dirección General de Seguridad Jurídica y Fe Pública, por la que se establecen criterios para la aplicación en las Notarías, de las previsiones contenidas en el artículo 68.3 de la Ley 20/2011, de 21 de julio, del Registro Civil, en relación con las declaraciones derivadas de las concesiones de nacionalidad por residencia [Fecha de consulta: 30 de junio de 2025]:
https://www.mjusticia.gob.es/es/Ciudadano/Nacionalidad/Documents/Instruccion%20DGSJFP%20Notarias%20declaraciones%20nacionalidad%20residencia.pdf

mencionada señala que la aportación de un certificado de empadronamiento (en el que se indique la antigüedad) será prueba suficiente porque le permitirá demostrar que el cambio de domicilio es anterior a la fecha de resolución positiva de concesión de la nacionalidad. No obstante, si el cambio de domicilio no quedase acreditado en la forma indicada, el Notario competente será el del domicilio en España que conste en la resolución.

III. LA ESCRITURA PÚBLICA DE JURA O PROMESA DE NACIONALIDAD

La Instrucción de la Dirección General de Seguridad Jurídica y Fe Pública, de 22 de diciembre de 2021, anteriormente referenciada, exige que el acto de la jura o promesa de nacionalidad conste en escritura pública. Ahora bien, con carácter previo a la celebración del acto, el interesado debe presentar, siempre, al Notario, la resolución de concesión de la nacionalidad española, cuya autenticidad se verificará a través del Código Seguro de Verificación que figura en la propia resolución[6].

---

6   La comprobación se podrá efectuar a través del siguiente enlace [Fecha de consulta: 30 de junio de 2025]: https://sede.mjusticia.gob.es/es/comprobacion-autenticidad

Además, según la numeración del expediente, el interesado también tendrá que aportar una copia auténtica del certificado de nacimiento (para con los expedientes con numeración 300.000 - 499.999) o los originales del certificado de nacimiento y de antecedentes penales del país de origen (para los expedientes cuya numeración sea 200.000 - 299.999 y 500.000 - 799.999). A este respecto, cabe recordar que no es necesario que el interesado aporte documentos vigentes en la actualidad porque, el momento en el que debieron estarlo, fue el de la presentación de la solicitud de la nacionalidad española.

A lo anterior hay que añadir que, las circunstancias personales y específicas del interesado podrían incrementar el volumen de documentación que éste tiene que presentar ante el Notario[7]. Sirvan como ejemplo, las juras o promesas de nacionalidad en las que participen representantes legales, un solo progenitor o un miembro de las Fuerzas Armadas.

En particular, el representante legal que actúe en una jura o promesa de nacionalidad está obli-

---

7   En concreto, véase la documentación citada en la Circular de la Dirección General de Seguridad Jurídica y Fe Pública, de 5 de marzo de 2021 y en la Orden JUS/1625/2016, de 30 de septiembre de 2016, sobre la tramitación de los procedimientos de la nacionalidad española por residencia (*BOE* núm. 246, de 11 de octubre de 2016).

gado a presentar su documento de identificación oficial. El progenitor que comparezca solo tiene que exhibir al Notario, según el caso, los originales del poder de representación del progenitor ausente, su certificado de defunción o la sentencia judicial en la que conste el ejercicio exclusivo de la patria potestad. Se reseñará en la escritura pública esta exhibición, sin que resulte necesaria su incorporación por Testimonio.

Por último, los miembros de las Fuerzas Armadas no tendrán que realizar el acto de jura o promesa de nacionalidad, siempre que puedan acreditar su ejercicio a través de un certificado expedido por el Ministerio de Defensa o por la Jefatura del Ejército, los cuales remitirán telemáticamente al Ministerio de Justicia, en un plazo de quince días, un informe motivado en el que se proponga la concesión o la denegación de la nacionalidad española por residencia y en el que constará expresamente la realización del juramento o promesa de nacionalidad (arts. 9 y 13.2 RD 1004/2015[8]).

La documentación personal referenciada se incorporará a la escritura pública mediante Testi-

---

8   Real Decreto 1004/2015, de 6 de noviembre, por el que se aprueba el Reglamento por el que se regula el procedimiento para la adquisición de la nacionalidad española por residencia (*BOE* núm. 267, de 7 de noviembre de 2015).

monio, con la salvedad de aquellos supuestos en los que se indique expresamente que no es necesaria su aportación porque basta con su reseña y juicio de suficiencia por parte del Notario, tal y como sucede con los casos en los que comparece un único progenitor.

Presentada la documentación, se celebrará el acto de jura o promesa de nacionalidad ante el Notario —que será la persona que presidirá el acto— y ante el emancipado o mayor de edad que firmará el acta. En particular, si el interesado tuviera menos de catorce años, la mencionada Instrucción advierte que no es necesaria la realización del juramento o promesa de la nacionalidad. Será suficiente con que sus progenitores (o, en su caso, sus representantes legales) acepten la nacionalidad concedida, determinen su nombre y apellidos y manifiesten la vecindad civil elegida.

Por el contrario, si el interesado tuviera más de catorce años, pero menos de dieciocho, la jura o promesa de nacionalidad sí debe celebrarse con él, asistido por su representante legal. En este caso, el acta será firmada por el propio interesado y, también, por su representante legal. Al hilo de las afirmaciones anteriores, cabe recordar que, durante la celebración del acto de jura o promesa de nacionalidad, el Notario está obligado a informar al interesado de que los hijos sometidos a su patria potestad tienen derecho a optar a la nacionalidad española.

El proceso finalizará con el otorgamiento de la escritura pública, la cual debe contener: la jura o promesa por el interesado de fidelidad al Rey y de obediencia a la Constitución y a la Leyes y, sólo en los casos en los que proceda, la renuncia a la nacionalidad anterior; la solicitud de determinación del nombre y los apellidos, de acuerdo con el modelo previsto en el Anexo I de la citada Instrucción; y la manifestación de por qué vecindad civil opta, según lo establecido en el artículo 15.1 del Código Civil.

En relación con la obligación de renuncia a la nacionalidad anterior, quedan exentos de la misma, los naturales de los países iberoamericanos, Andorra, Filipinas, Guinea Ecuatorial, Portugal y los sefardíes originarios de España (arts. 23.b) y 24.1 Ley 36/2002, de 8 de octubre, de modificación del Código Civil en materia de nacionalidad).

Respecto de la determinación del nombre y los apellidos, el Notario cumplimentará el modelo que se adjunta como Anexo I de la Instrucción mencionada[9], el cual deberá acompañarse a la

---

9   A este respecto, véanse los artículos 192 a 200 del Reglamento de la Ley del Registro Civil (*BOE* núm. 296, de 11 de diciembre de 1958).

escritura pública, de acuerdo con lo establecido
en la Instrucción de la antigua Dirección General
de los Registros y del Notariado, de 23 de mayo
de 2007, sobre apellidos de los extranjeros nacio-
nalizados españoles y su consignación en el Registro Civil español[10]. Dicha Instrucción se fun-
damenta, como es sabido, en la existencia de dos
principios rectores: el principio de duplicidad de
apellidos de los españoles y el principio de no
fungibilidad de las líneas paterna y materna.

En último lugar, el interesado podrá optar por
cualquiera de las vecindades siguientes (*vid.* art.
15.1 Código Civil): a) la correspondiente al lugar
de residencia; b) la del lugar de nacimiento; c) la
última vecindad de cualquiera de sus progenitores o adoptantes; d) la del cónyuge. La elección
del interesado es importante porque su decisión
condicionará la aplicación de la normativa civil (común o autonómica) a otros ámbitos de su
vida, tal y como podría ser la sucesión hereditaria
o su régimen económico matrimonial.

A ello hay que añadir que, en la escritura pública de jura o promesa de nacionalidad, el Notario *apuntará* una dirección de correo electrónico
o de correo postal para que, desde la Oficina del
Registro Civil puedan contactar con el interesado, con la finalidad de hacerle llegar cualquier

---

10   *BOE* núm. núm. 159, de 4 de julio de 2007.

comunicación y, en particular, remitirle la certificación de su inscripción de nacimiento.

En otro orden de cosas, pero relacionado con lo anterior, cabe traer a colación que, en virtud de lo establecido en el artículo 21.4 del Código Civil, la concesión de la nacionalidad española por carta de naturaleza o por residencia caduca a los 180 días siguientes a su notificación. Por este motivo, el interesado está obligado a presentarse en la Notaría antes de su vencimiento. Ahora bien, cabe plantear en el caso de que no acuda a la Notaría, qué consecuencias jurídicas derivan de su no comparecencia.

En principio, superado cualquier plazo de caducidad, no resulta posible el ejercicio del derecho por parte de su titular. La caducidad, como es sabido, extingue el derecho y la acción. Por consiguiente, el Notario tendría que comunicar este hecho al interesado y a la Oficina del Registro Civil que corresponda, con la finalidad de que ésta dictara, en su caso, una resolución de caducidad de la concesión.

Sin embargo, la Instrucción citada al inicio de este trabajo establece que existe la posibilidad de acompañar a la resolución de concesión de la nacionalidad un justificante de notificación que acredite su realización en un plazo mayor al indicado, aunque no determina en qué supuestos. Dicha justificación quedará unida y se acompañará a la escritura. En este caso, el cómputo del plazo de los 180 días empezaría a contar a partir del siguiente a la fecha que conste en el propio justificante de notificación.

A ello hay que añadir que, aun cuando, como regla general, un plazo de caducidad no podrá ser interrumpido por ninguna acción del titular, la Instrucción sí permite que la solicitud de jura o promesa formulada ante Notario suspenda el mencionado plazo de caducidad mientras se resuelve sobre la misma, lo que debe tenerse en cuenta a efectos prácticos.

IV. INSCRIPCIÓN EN EL REGISTRO CIVIL

El artículo 35 de la Ley del Registro Civil establece que: "Los Notarios, dentro de su ámbito de competencias, remitirán por medios electrónicos a la Oficina General del Registro Civil, los documentos públicos que den lugar a asiento en el Registro Civil"[11].

---

11   El análisis de este precepto se ha efectuado tomando como referencia el trabajo de HERNÁNDEZ BLÁZ-QUEZ, F., "Artículo 35. Inscripción de documentos notariales" en COBACHO GÓMEZ, J.A. y LECIÑENA IBARRA, A., (DIRS.) Comentarios a la Ley del Registro Civil, Thomson Reuters Aranzadi, Navarra, 2012, pp. 561-570.

El Notario, como es sabido, es funcionario público y profesional del Derecho. A este respecto, el Reglamento Notarial establece que, como funcionario público, ejerce la fe pública notarial (en la esfera de los hechos y en la esfera del Derecho) y, como profesional del Derecho, tiene la misión de asesorar a quienes reclaman su ministerio y aconsejarles los medios jurídicos más adecuados para el logro de los fines lícitos que aquéllos se proponen alcanzar (art. 1 Reglamento Notarial)[12].

Por tanto, al Notario corresponde, en el ejercicio de su actividad profesional y en el marco de su competencia, la remisión electrónica a la Oficina General del Registro Civil de los documentos notariales que den lugar a asiento en el Registro Civil. La actuación sin competencia traería como consecuencia la nulidad del acto.

Al hilo de esta afirmación, cabe pronunciarse sobre tres cuestiones: la determinación de la Oficina de Registro Civil competente para la inscripción de la nacionalidad española por residencia, la *forzosa* remisión de la documentación por vía electrónica y la concreción de los documentos públicos que dan lugar a asiento.

---

12 Decreto de 2 de junio de 1944 por el que se aprueba con carácter definitivo el Reglamento de la organización y régimen del Notariado (*BOE* núm. 189, de 7 de julio de 1944).

En relación con la primera, la Ley del Registro Civil establece que debe existir una Oficina General de Registro Civil en todas las poblaciones que sean sede de la capital de un partido judicial (art. 22.1 LRC). En concreto, la Instrucción de la Dirección General de Seguridad Jurídica y Fe Pública, de 22 de diciembre de 2021, menciona expresamente que, entre ellas, la Oficina de Registro Civil competente para la inscripción de la adquisición de la nacionalidad española por residencia será la Oficina de Registro Civil del domicilio del interesado en España. A este respecto, dada la incorporación a la Ley del Registro Civil de una regla de competencia territorial, resulta posible afirmar, sin temor a equivocarnos, que quedan excluidas la Oficina Consular y la Oficina Central y que no cabe la posibilidad de que el interesado elija, *ad hoc*, la Oficina de Registro Civil.

Respecto de la segunda cuestión, la Ley del Registro Civil se refiere, en exclusiva, a la remisión por *medios electrónicos*. Este pronunciamiento trae causa en la pretensión de la norma de *construir* un Registro Civil informatizado y accesible electrónicamente. La remisión de los documentos notariales por medios electrónicos favorece e impulsa la seguridad jurídica en las relaciones personales y patrimoniales porque agiliza los trámites de inscripción y permite que el interesado acceda, de manera inmediata, al hecho inscribible[13]. Además, potencia el respeto del principio de protección de terceros de buena fe, en la medida en que coincidirá la realidad acordada en el documento público y la registral.

Sin embargo, en el día de hoy, cabe la posibilidad de que los Notarios no puedan remitir tales documentos públicos electrónicamente, tal y como se verá más adelante. Ante esta situación, la Instrucción mencionada establece que, alternativamente, el Notario podría remitir la documentación mediante correo postal certificado, en cualquiera de los formatos previstos en el Reglamento de la organización y régimen del Notariado, tal y como sucede con la copia autorizada[14].

En último lugar, cabe pronunciarse sobre qué documentos públicos darán lugar a asiento en el Registro Civil. En concreto, todos aquellos que afecten a hechos de la persona serán susceptibles de tener entrada en la Oficina del Registro Civil[15]. En lo que interesa al presente trabajo, el Notario otorgante remitirá copia auténtica de la escritura

---

13   Memoria Justificativa del Anteproyecto de Ley del Registro Civil del Ministerio de Justicia, de 21 de junio de 2010.
14   *BOE* núm. 189, de 7 de julio de 1944.
15   También es posible la modalidad de asiento a través de anotación registral, con el valor probatorio que la norma les atribuya, para los casos de hechos cuya inscripción no pueda extenderse por no resultar, en alguno de sus extremos, legalmente acreditados (art. 40.2.2.º) Ley 20/2011 del Registro Civil).

que comprenda la declaración de voluntad relativa a la concesión de la nacionalidad española —en la que consta el acto de jura o promesa de nacionalidad, la elección de la vecindad civil y a la que se adjunta la ficha de determinación de nombre y apellidos, así como la documentación que, en su caso, deba acompañarla— a la Oficina General del Registro Civil para que el Encargado practique su inscripción.

El Encargado del Registro Civil, en el plazo de cinco días, procederá a la inscripción, previa calificación de la competencia del Notario, de la legalidad de las formas extrínsecas —lo que incluye el Testimonio de los documentos que éste debe validar— y de la congruencia con los asientos del Registro Civil, tal y como podría ser la correcta expresión del nombre y apellidos (art. 13.1 RD 1004/2015).

Asimismo, el Notario facilitará una cuenta de correo electrónico (de la que sea titular) con la finalidad de que el Encargado del Registro Civil pueda comunicarse con él. De esta manera, el Encargado del Registro Civil podrá poner en conocimiento del Notario la existencia de los defectos puramente formales a los que se contraiga la calificación (si los hubiere) y también podrá solicitarle —con arreglo al principio de oficialidad— algunos de los documentos que, en su caso, debieron incorporarse a la escritura pública. En este supuesto, el plazo de cinco días de práctica de la inscripción se ampliará mientras el Notario no envíe el documento, quedando la inscripción en suspenso.

No obstante lo expuesto con anterioridad, hasta que el Ministerio de Justicia apruebe, mediante Resolución de la Dirección General de Seguridad Jurídica y Fe Pública, la entrada en servicio efectiva de las aplicaciones informáticas que permitan el funcionamiento del Registro Civil de forma electrónica, el Notario debe *sobrevivir* a esta fase transitoria de implantación progresiva[16].

La fecha fin de este período transitorio estaba prevista, inicialmente, para finales del año 2023. Sin embargo, en el día de hoy, continúa la incorporación de datos al nuevo sistema informático. Ello se debe, según la Instrucción de la Dirección General de Seguridad Jurídica y Fe Pública, de 16 de septiembre de 2021, a que la satisfactoria puesta en marcha de la Ley del Registro Civil exige la actuación coordinada de múltiples organismos (entre ellos, las administraciones autonómicas y las administraciones locales), en tres ámbitos muy distintos: normativo, organizativo y tecnológico[17].

---

16 Véase la disposición transitoria cuarta y, en coherencia con ésta, las disposiciones transitorias octava y décima de la Ley 20/2011 del Registro Civil. Más la Disposición adicional segunda de la misma Ley.

17 Instrucción de 16 de septiembre de 2021, de la Dirección General de Seguridad Jurídica y Fe Pública, por la

Por consiguiente, la correcta implantación de la Ley del Registro Civil se está realizando de forma escalonada. Ahora bien, esta realidad trae como consecuencia la *convivencia* de dos leyes, dos sistemas informáticos y libros manuscritos, tal y como se verá más adelante. Además, cabe recordar que este paulatino asentamiento acontece en una fecha en la que nuestro ordenamiento jurídico no cuenta con un Reglamento de desarrollo de la Ley del Registro Civil, lo que dificulta todavía más la situación para los operadores jurídicos.

En particular, la disposición transitoria cuarta de la Ley 20/2011 del Registro Civil establece que, a partir del 30 de abril de 2021, la norma se aplicará, de manera progresiva, en función de la Resolución de puesta en marcha de la nueva aplicación informática DICIREG, lo que permitirá el funcionamiento del Registro Civil de forma íntegramente electrónica. En virtud de este precepto, las disposiciones transitorias octava y décima de la misma Ley se alinean con el objetivo de poder producir efectos sobre los cambios de Encarga-

---

que se acuerdan las pautas y criterios para apoyar la entrada en servicio efectiva de la aplicación informática DICIREG, a partir de la entrada en funcionamiento de la primera oficina conforme a las previsiones contenidas en la Ley 20/2011, de 21 de julio, del Registro Civil (*BOE* núm. 228, de 23 de septiembre de 2021).

dos y personal en el momento en el que así lo disponga la referida Resolución de la Dirección General de Seguridad Jurídica y Fe Pública.

Por tanto, a pesar de que la Ley 20/2011 del Registro Civil ha entrado completamente en vigor, ésta no se aplicará en las Oficinas del Registro Civil hasta que tales Oficinas cuenten con los medios, sistemas informáticos y condiciones de funcionamiento adecuadas (*vid.* Disposiciones transitorias cuarta y octava de la Ley del Registro Civil) y se dicte una Resolución de la Dirección General de Seguridad Jurídica y Fe Pública para ordenar su puesta en marcha.

Así, mientras no se cumplan las dos condiciones mencionadas con anterioridad, coexistirán Oficinas de Registro Civil en las que se aplique la Ley del Registro Civil de 1957 y Oficinas de Registro Civil que operen con el nuevo sistema informático DICIREG, de acuerdo con lo establecido en la Ley 20/2011 del Registro Civil.

- *Oficinas de Registro Civil en las que se aplica la Ley del Registro Civil de 1957*: los Encargados de las Oficinas del Registro Civil tendrán que practicar en los libros y secciones correspondientes —regulados por la Ley del Registro Civil de 1957— los asientos relativos a los nacimientos, matrimonios, defunciones, tutelas y representaciones legales (*vid.* Disposición transitoria cuarta de la Ley 20/2011 del Registro Civil). Por consiguiente, en estos supuestos, no se aplicará lo regulado en la Ley del Registro Civil para con el código personal.

Además, también en estos casos y durante este período transitorio, los Encargados del Registro Civil mantendrán las tareas y funciones que hubiesen venido desempeñando en el ejercicio de su cargo y serán competentes las Oficinas del Registro Civil que lo vinieran siendo, de acuerdo con lo establecido en la Ley del Registro Civil de 1957.

- *Oficinas del Registro Civil que operen con el sistema informático DICIREG*: se verifica la competencia de la Oficina, atendiendo a lo establecido en la Ley del Registro Civil de 1957, a los efectos de determinar si se continúa con la tramitación. En particular, si con arreglo a la norma mencionada, la Oficina no fuera competente para seguir con el procedimiento, habrá que determinar cuál lo es. Para ello, es necesario distinguir dos supuestos: si es una Oficina en la que no opera DICIREG, se ofrece al ciudadano la posibilidad de recoger la documentación y enviarla a la Oficina competente. Por el contrario, si fuera una Oficina que utiliza el sistema DICIREG, pero distinta de la asignada, continúa el procedimiento, de acuerdo con lo previsto en la Ley 20/2011 del Registro Civil, puesto que, ambas Oficinas DICIREG, son interoperables.

En este escenario, cabe poner de manifiesto que esta "caótica" situación no sólo afecta al Encargado del Registro Civil en los términos descritos con anterioridad, sino que también se hace extensiva al Notario. En la actualidad, el Notario, en el ejercicio de su actividad profesional, también está obligado a *convivir* con dos leyes distintas: la Ley del Registro Civil de 1957 (basada en Hechos-Secciones) y la Ley 20/2011 del Registro Civil (fundamentada en la creación de un registro individual). A ello se suma la concurrencia de dos sistemas informáticos (INFOREG y DICIREG) y los libros manuscritos.

Además, mientras no se apruebe el nuevo Reglamento de desarrollo de la Ley del Registro Civil, tal y como se indicó anteriormente, habrá que estar a lo dispuesto en la propia Ley del Registro Civil y, supletoriamente, a lo establecido en la Ley 39/2015 del Procedimiento Administrativo Común de las Administraciones Públicas[18].

---

18 *BOE* núm. 236, de 2 de octubre de 2015. El artículo 88.2 de la Ley 20/2011 afirma que la tramitación de los procedimientos registrales se ajustará a las reglas

A ello se suma lo ordenado en el Reglamento del Registro Civil de 1958 porque no ha sido expresamente derogado por la Disposición derogatoria de la Ley del Registro Civil. En relación con él, se aplicarán las normas procedimentales —que no afecten a la estructura y a la organización del Registro Civil—, siempre que no se opongan a la Ley del Registro Civil, a la Ley 39/2015 del Procedimiento Administrativo Común de las Administraciones Públicas (de aplicación supletoria), ni a otra norma de rango legal que haya regulado o regule con posterioridad a la Resolución de la Dirección General de puesta en marcha, algún aspecto que colisione con lo previsto en el citado Reglamento.

Por tanto, en lo que atañe a las juras y promesas de nacionalidad realizadas ante Notario, se produce un doble tratamiento de la operativa práctica[19]. La Instrucción de la Dirección General, de 16 de septiembre de 2021, así lo evidencia al poner de manifiesto que la incorporación de datos al nuevo sistema informático DICIREG se realizará, paulatinamente, conforme se vayan practicando nuevos asientos en el mismo o incorporando antecedentes anteriores.

---

previstas en la Ley 39/2015, en los términos que reglamentariamente se dispongan.

19   BARRIO DEL OLMO, C.P., "Incidencias tras la completa entrada en vigor de la Ley del Registro Civil", *Revista El Notario del Siglo XXI*, núm. 100, noviembre-diciembre 2021.

En las Oficinas que tengan correcta y completamente implantado el sistema informático DICIREG, el procedimiento registral no contempla la práctica de la comparecencia —prevista en el trámite de prueba de la fase de instrucción— para aquellos supuestos en los que la declaración de la adquisición de la nacionalidad española (por residencia, carta de naturaleza u opción) se hubiera efectuado ante Notario. Por tanto, será suficiente con que el Notario remita la documentación al sistema de tramitación de los expedientes. Desde allí, se dará traslado a la Oficina del Registro Civil para su inscripción, sin que sea necesario que el interesado comparezca, ni se preocupe por ninguna otra gestión.

Practicada la inscripción, se pondrá en conocimiento del interesado, a través de correo electrónico, que su certificación de nacimiento y su certificación de nacionalidad están disponibles y que puede acceder a ellas a través de la página web del Ministerio de Justicia. Con posterioridad, el interesado podrá pedir cita, como cualquier otro ciudadano español, a la Dirección General de la Policía para solicitar su Documento Nacional de Identidad o su pasaporte.

No obstante, en aquellas Oficinas que, aun teniendo implantado DICIREG, existan procedimientos en curso (abiertos), conforme a la Ley del Registro Civil de 1957, éstos se tramitarán con arreglo a esta última norma. Ahora bien, su resolución será dictada por el Encargado del Registro Civil, con arreglo a lo dispuesto en la Ley del Registro Civil (2011) y la práctica del asiento se realizará en DICIREG, generando el expediente electrónico del procedimiento correspondiente.

Por el contrario, en las Oficinas del Registro Civil que todavía no tengan implantado el nuevo sistema informático DICIREG, el Notario enviará la documentación referenciada por correo postal certificado con acuse de recibo y, en la Oficina, el Encargado del Registro Civil calificará la escritura pública otorgada ante Notario y, si procede, extenderá el asiento o asientos.

En particular, la Instrucción de la Dirección General de Seguridad Jurídica y Fe Pública, de 16 de septiembre de 2021, indica que, en relación con la vecindad civil, tampoco será necesaria la comparecencia prevista en el trámite de prueba de la fase de instrucción del procedimiento registral para aquellos casos en los que la declaración de voluntad de atribución de la vecindad civil se hubiera efectuado ante Notario, lo que supone un avance.

V. LIBRE CIRCULACIÓN DE DOCUMENTOS PÚBLICOS EN MATERIA DE JURAS O PROMESAS DE NACIONALIDAD

A la luz de lo expuesto en el presente trabajo, cabe analizar si los documentos notariales, otorgados por Notario español y las certificaciones de nacimiento y de nacionalidad, expedidas por el Encargado del Registro Civil español, podrían ser reconocidos, como tales, en los demás Estados miembros de la Unión Europea.

El planteamiento de esta cuestión sitúa su punto de partida en el derecho fundamental de los ciudadanos de la Unión Europea a circular y residir libremente en el territorio de los Estados miembros[20]. En la actualidad, vivir en otro país de la Unión Europea es un hecho cada vez más común y, por esta razón, ejercer este derecho cada vez es más habitual.

Sin embargo, en el ejercicio de este derecho fundamental, los ciudadanos de la Unión Europea debían enfrentarse a trámites burocráticos

---

20   El derecho de todo ciudadano de la Unión Europea a circular y residir libremente en el territorio de los Estados miembros, con sujeción a las limitaciones y condiciones previstas en los Tratados y en las disposiciones adoptadas para su aplicación se regula en el artículo 45 de la Carta de Derechos Fundamentales de la Unión Europea, en el artículo 3.2 del Tratado de la Unión Europea y en el artículo 21 del Tratado de Funcionamiento de la Unión Europea. En particular y, a este respecto, véase también la Directiva 2004/38/CE, del Parlamento Europeo y del Consejo, de 29 de abril de 2004, relativa al derecho de los ciudadanos de la Unión y de los miembros de sus familias a circular y residir libremente en el territorio de los Estados miembros (*DOUE* L 157/77, de 30 de abril de 2004).

excesivos a la hora de presentar documentos públicos en otro Estado miembro. Ante esta realidad, con el fin de agilizar estos procedimientos, se crea el Reglamento (UE) 2016/1191, del Parlamento Europeo y del Consejo, de 6 de julio de 2016, por el que se facilita la libre circulación de los ciudadanos, simplificando los requisitos de presentación de determinados documentos públicos en la Unión Europea[21].

El Reglamento 2016/1191 se aplica, desde el 16 de febrero de 2019, a los documentos públicos expedidos por las autoridades de un Estado miembro —de conformidad con su Derecho nacional— que hayan de ser presentados ante las autoridades de otro Estado miembro, con algunas particularidades, las cuales se detallarán más adelante (arts. 2.1 y 27 Reg. 2016/1191)[22]. El princi-

---

21   *DOUE* L 200/1, de 26 de julio de 2016.
22   En particular, el artículo 17.1 del Reglamento 2016/1191 establece que esta norma se entenderá sin perjuicio de la aplicación de otras disposiciones del Derecho de la Unión en materia de legalización o trámite similar y las complementará. En la actualidad, es elevado el número de Reglamentos (y de muy variadas materias) que no exigen legalización, ni formalidad análoga alguna para los documentos expedidos en un Estado miembro. Valgan como ejemplos: el Reglamento (UE) n.º 2019/1111, del Consejo, de 25 de junio de 2019, relativo a la competencia, el reconocimiento y la ejecución de resoluciones judiciales en materia matrimonial y de responsabilidad parental y sobre la sustracción internacional de

pal objetivo de esta norma consiste en establecer un marco jurídico más sencillo, en el que se elimine la necesidad de múltiples legalizaciones y se simplifiquen los requisitos de traducción[23].

---

menores (art. 90); el Reglamento (UE) n.º 2016/1103, del Consejo, de 24 de junio de 2016, por el que se establece una cooperación reforzada en el ámbito de la competencia, la ley aplicable, el reconocimiento y la ejecución de resoluciones en materia de regímenes económicos matrimoniales (art. 61); o el Reglamento (UE) n.º 650/2012, del Parlamento Europeo y del Consejo, de 4 de julio de 2012, relativo a la competencia, la ley aplicable, el reconocimiento y la ejecución de las resoluciones, a la aceptación y la ejecución de los documentos públicos en materia de sucesiones mortis causa y a la creación de un certificado sucesorio europeo (art. 74).

Ante esta situación, lo recomendable sería aplicar la norma más específica, tal y como señala la Dra. Font i Mas. Véase FONT i MAS, M., "El Reglamento (UE) 2016/1191: hasta dónde (no) alcanza la libre circulación de documentos públicos en la UE y en España", *Anuario Español de Derecho Internacional Privado*, t. XXII, 2022, pp. 111-138, esp. p. 123.

23   En el día de hoy, también existen varios Convenios, además del Reglamento referenciado, cuya finalidad es la flexibilización —o incluso la exención— de la prueba de autenticidad. Sirvan como ejemplos: Convenio por el que se suprime la exigencia de legalización de los documentos públicos extranjeros (La Haya, 5 de octubre de 1961); Convenio Europeo relativo a la supresión de la legación de documentos extendidos por agentes diplomáticos y consulares (7 de junio de 1968); Convenio sobre dispensa de legalización de ciertos documentos (Atenas, 15 de septiembre de 1977); o Convenio sobre

En lo que aquí interesa, cabe reflexionar sobre si los documentos notariales, otorgados por Notario español y las certificaciones de nacimiento y de nacionalidad, expedidas por el Encargado del Registro Civil español, pueden enmarcarse en el ámbito de aplicación del Reglamento 2016/1191 y, por lo tanto, beneficiarse de la libre circulación, sin trabas, que instaura. Para ello, el primer paso consiste en determinar qué documentos son públicos a la luz de la presente norma y qué autoridades pueden expedirlos.

El artículo 3.2 del Reglamento 2016/1191 dota de significado el concepto de *autoridad*. En concreto, a los efectos de la norma, son *autoridad*: "Las autoridades públicas de un Estado miembro o cualquier otra entidad que actúe con carácter oficial y que esté autorizada —en virtud del Derecho nacional— para expedir o recibir un documento público al que se aplique el presente Reglamento". De ello cabe deducir que, a los *ojos* del Reglamento 2016/1191, los Encargados del Registro Civil y los Notarios españoles ostentan la categoría de *autoridad*.

Por su parte, el artículo 3.1 del Reglamento 2016/1191 proporciona un listado cerrado de los que pueden calificarse como *documentos públi-*

---

expedición de certificaciones plurilingües de las actas del Registro Civil (8 de septiembre de 1976).

cos[24]. En lo que atañe al presente trabajo, se consideran documentos públicos las certificaciones oficiales que hayan sido puestas sobre documentos privados y, también, las actas notariales (art. 3.1.d) y c) Reg. 2016/1191, respectivamente).

Ahora bien, la incorporación de las actas notariales en este listado cerrado puede plantear problemas de calificación porque el concepto *acta notarial* no aparece definido en la norma y, por tanto, el significado que recibe puede ser distinto en el ordenamiento jurídico de cada Estado miembro de la Unión Europea, tal y como ha puesto de manifiesto la Dra. Pilar Diago[25].

---

24   *Artículo 3.1 del Reglamento 2016/1191.* A los efectos del presente Reglamento, se entenderá por documento público: a) los documentos dimanantes de una autoridad o funcionario vinculado a los órganos jurisdiccionales de un Estado miembro, incluyendo los provenientes del Ministerio Fiscal o de un secretario, oficial o agente judicial; b) los documentos administrativos; c) las actas notariales; d) las certificaciones oficiales que hayan sido puestas sobre documentos privados, tales como menciones de registro, comprobaciones sobre la certeza de una fecha y autenticaciones de firmas; e) los documentos expedidos por agentes diplomáticos o consulares de un Estado miembro que ejerzan sus funciones en el territorio de cualquier Estado con carácter oficial, cuando dichos documentos deban presentarse en el territorio de otro Estado miembro o a los agentes diplomáticos o consulares de otro Estado miembro que ejerzan sus funciones en el territorio de un Estado tercero.

25   DIAGO DIAGO, M.P., "La circulación de documentos públicos en situaciones transfronterizas: la tensión en-

En este escenario, la Dra. Pilar Diago advierte que, en el ordenamiento jurídico francés, *acte* equivale a *documento notarial*. Por el contrario, en nuestro ordenamiento jurídico, el acta notarial se corresponde con un único documento, cuyo contenido tiene por objeto la constatación de hechos o la percepción que de los mismos tenga el Notario, siempre que por su índole no puedan calificarse de actos y contratos, así como sus juicios o calificaciones[26].

Ante este hecho, atendiendo a la literalidad del precepto, cabría preguntarse si únicamente las actas notariales españolas podrían ser objeto de libre circulación al amparo del Reglamento 2016/1191. Coincido con la línea de pensamiento establecida por la Dra. Diago que señala que, más allá de la letra de la disposición, del espíritu y de la finalidad de la norma cabe deducir que todos los documentos notariales españoles —cubiertos por el ámbito material del Reglamento— deben ser objeto de libre circulación para poder equiparar el ordenamiento jurídico español a los

---

tre la seguridad jurídica y la reducción de las cargas para el ciudadano", *Cursos de Derecho Internacional y Relaciones Internacionales Vitoria-Gasteiz*, núm. 1, 2019, pp. 81-132, esp. p. 109.

26   Véase, en este sentido, el artículo 17.1 de la Ley del Notariado, de 28 de mayo de 1962 (*Gaceta de Madrid* núm. 149, de 29 de mayo de 1862).

sistemas legales de los demás Estados miembros de la Unión Europea. Sin embargo, hubiera sido deseable que la versión española del Reglamento 2016/1191 hubiera recogido el término *documento notarial* para evitar confusiones.

Por su parte, en cuanto al ámbito material, cabe pronunciarse sobre si cualquier documento público expedido por la autoridad de un Estado miembro (de acuerdo con su Derecho nacional) podría enmarcarse en el ámbito de aplicación del Reglamento 2016/1191[27].

La respuesta es que no porque la norma se refiere expresamente a aquellos documentos públicos —que encajen en la definición autónoma dada—, con la limitación de que su principal objetivo sea establecer uno o más de los hechos regulados en el artículo 2.1 del Reglamento 2016/1191[28]. El listado de hechos que proporcio-

---

27 *Artículo 2.3 del Reglamento 2016/1191.* El presente Reglamento no se aplica a: a) los documentos públicos expedidos por autoridades de países terceros o b) las copias certificadas de los documentos públicos a que se refiere la letra a) realizadas por las autoridades de un Estado miembro.

28 *Artículo 2.1 del Reglamento 2016/1191.* El presente Reglamento se aplica a los documentos públicos expedidos por las autoridades de un Estado miembro de conformidad con su Derecho nacional que han de ser presentados a las autoridades de otro Estado miembro y cuyo principal objetivo es establecer uno o más de los

na el Reglamento 2016/1191, en su artículo 2.1, es también cerrado, al igual que sucedía con la lista de documentos que pueden ser considerados públicos (*vid.* art. 3.1 Reg. 2016/1191).

Por consiguiente, el legislador de la Unión Europea limita los hechos a los enumerados en la lista *numerus clausus*, sin que resulte posible la incorporación de otros nuevos hechos, con independencia de las necesidades o circunstancias. Desde este postulado, cabría la inadmisión a trámite de un procedimiento monitorio en el caso de que el poder de representación procesal no esté apostillado porque este proceso no figura en el *catálogo* de hechos recogido en el artículo 2.1 del Reglamento 2016/1191, ni el poder de repre-

---

siguientes hechos: a) el nacimiento; b) que una persona está viva; c) la defunción; d) el nombre; e) el matrimonio, incluidos la capacidad para contraer matrimonio y el estado civil; f) el divorcio, la separación judicial y la anulación del matrimonio; g) la unión de hecho registrada, incluidas la capacidad para inscribirse como miembro de una unión de hecho y la condición de miembro de una unión de hecho registrada; h) la cancelación del registro de una unión de hecho, la separación judicial o la anulación de una unión de hecho registrada; i) la filiación; j) la adopción; k) el domicilio o la residencia; l) la nacionalidad; m) la ausencia de antecedentes penales, siempre que los documentos públicos al respecto sean expedidos a un ciudadano de la Unión por las autoridades del Estado miembro del que tiene la nacionalidad.

sentación procesal es considerado *documento público*, de acuerdo con el listado ofrecido en el artículo 3.1 de la misma norma[29].

No obstante lo anterior, en lo que interesa aquí, cabe concluir que la escritura pública que contenga la jura o promesa de nacionalidad y las certificaciones relativas al nacimiento y a la nacionalidad sí se integran en el concepto autónomo de *documento público*, regulado por el Reglamento 2016/1191 y los Notarios y los Encargados del Registro Civil españoles sí se incluyen en la definición de *autoridad* proporcionada por la misma norma.

Este hecho trae como consecuencia que todos los documentos mencionados, así como sus copias certificadas, queden exentos de toda forma de legalización o trámite similar (art. 4 Reg. 2016/1191). La norma, para con los documentos indicados, suprime la legalización, la apostilla, así como cualquier otro trámite similar, sin incluir ningún otro procedimiento de autenticación distinto.

---

29 A este respecto, véase la referencia que se hace al Auto de la Audiencia Provincial de Zaragoza núm. 634/2021, de 21 de abril (ECLI:ES:APZ:2021:634.ª de 21/04/2021), en el trabajo de FONT i MAS, M., "El Reglamento (UE) 2016/1191: hasta dónde (no) alcanza la libre circulación de documentos públicos en la UE y en España", *Anuario Español de Derecho Internacional Privado*, t. XXII, 2022, pp. 111-138, esp. p. 122.

Por tanto, el legislador de la Unión Europea considera que tales documentos son igualmente auténticos, con independencia de que se hayan expedido por la autoridad del Estado miembro de origen o de recepción, lo que refuerza el principio de confianza mutua. En virtud de lo establecido en el Reglamento 2016/1191, el interesado podrá presentar y hacer valer la escritura pública en la que conste la jura o promesa de nacionalidad —otorgada por Notario español— y sus certificaciones de nacimiento y de nacionalidad —expedidas por el Encargado del Registro Civil español—, sin necesidad de superar el trámite de la legalización o similar[30].

---

30 Curiosamente, el artículo 1 *in fine* del Reglamento 2016/1191 establece que esta norma "...no impedirá que una persona se acoja a otros sistemas aplicables en un Estado miembro en materia de legalización o trámite similar".
    Por tanto, el Reglamento 2016/1191 permite que el interesado, si así lo desea, pueda acogerse a otro sistema por el que se exima de legalización o trámite similar a los documentos públicos y que se aplique entre los Estados miembros, tal y como podría ser el Convenio de La Haya sobre la Apostilla (5 de octubre de 1961). Ahora bien, en lo que atañe a este Convenio, el propio Reglamento 2016/1191 advierte que las autoridades de los Estados miembros no podrán exigir una apostilla cuando el interesado les presente un documento público al que se aplique el Reglamento y que haya sido expedido en otro Estado miembro. No obstante, paradójicamente, a la luz de la letra de la norma, el

En definitiva, los documentos notariales españoles y las certificaciones de los asientos practicadas por el Encargado del Registro Civil español no serán tratadas en otros Estados miembros como decisiones procedentes de un país tercero. Ahora bien, ¿hasta dónde alcanza la autenticidad de los documentos mencionados?

En el Reglamento 2016/1191 se afirma, en varias disposiciones, que las autoridades de un Estado miembro no se verán obligadas —en nin-

---

Reglamento 2016/1191 tampoco puede impedir que los Estados miembros expidan una apostilla cuando el ciudadano la solicite (Cons 5 *ab initio* Reg. 2016/1191). En estos supuestos, la autoridad nacional que expida el documento está obligada a emplear cualesquiera medios que estime adecuados para informar al interesado de que, con arreglo al Reglamento, no es necesaria una apostilla si lo que desea es presentar el documento público en otro Estado miembro (Cons. 5 *in fine* Reg. 2016/1191). Por tanto, en la práctica, serán muy pocos (o ninguno) los interesados que opten por solicitar la apostilla cuando, legalmente, existe la posibilidad de no soportar este trámite burocrático.

La coexistencia de ambas normas posibilita que el Convenio siga activo, en las relaciones entre los Estados miembros de la Unión Europea, pero sólo para aquellos casos en los que el interesado lo solicite expresamente, tal y como ha puesto de manifiesto la Dra. Guzmán Zapater en GUZMÁN ZAPATER, M., "La libre circulación de los documentos públicos en materia de estado civil en la UE: El Reglamento UE 2016/1191 del PE y del Consejo", *Revista General de Derecho Europeo*, núm. 41, 2017, pp. 161-179.

gún caso y en ninguna circunstancia— a expedir documentos públicos que no existan en virtud de su Derecho nacional y que la autenticidad de sus documentos no se extenderá al reconocimiento en un Estado miembro de los efectos jurídicos relativos a su contenido[31].

Por consiguiente, el Reglamento 2016/1191 diferencia, respecto de un mismo documento público, la producción de efectos jurídicos relativos a su contenido y la generación de aquellos vinculados a su autenticidad, operando únicamente sobre este último extremo. Desde esta perspectiva, la autoridad del Estado miembro de recepción aceptará como verdadera la autenticidad de la firma, la calidad en la que ha actuado el signatario del documento y la identidad del sello o timbre que figure en el mismo.

En ningún caso la autoridad del Estado miembro requerido verificará, ni validará, el contenido del documento público autorizado. Por tanto, la autoridad competente del Estado miembro de recepción podrá rehusar los efectos que se pretenden conseguir con estos documentos, si no satisfacen los requisitos de Derecho internacional privado previstos en su ordenamiento jurídico interno.

---

31 A este respecto, véanse los Considerandos 7 y 18 *in fine* y el artículo 2.4 del Reglamento 2016/1191.

A lo anterior hay que añadir que, el Reglamento 2016/1191, en un ejercicio de compromiso con la libre circulación de los documentos públicos entre los Estados miembros, apuesta no sólo por la exención de legalización (o trámite similar), sino también por la simplificación de los trámites relativos a las copias certificadas y por la ayuda a la traducción a través del uso de impresos estándar multilingües.

En relación con la simplificación de los trámites relativos a las copias certificadas, si la autoridad de un Estado miembro exige la presentación del original de un documento público expedido por las autoridades de otro Estado miembro, la autoridad del país miembro en el que se presente el documento público original no podrá exigir también la presentación de una copia certificada de éste. Y, en el supuesto de que se permita la presentación de una copia certificada, las autoridades de dicho Estado miembro aceptarán una copia certificada realizada en otro país miembro (art. 5 Reg. 2016/1191).

Respecto de la ayuda a la traducción a través del uso de impresos estándar multilingües, en lo que aquí interesa, el ciudadano podrá presentar su certificado de nacimiento expedido por el Encargado del Registro Civil español y el impreso multilingüe que lo acompaña ante las autoridades de cualquier otro Estado miembro de la

Unión Europea, sin necesidad de soportar la traducción del documento.

A la luz de lo expuesto, cabría afirmar que, en el marco de la libre circulación de documentos públicos en materia de juras o promesas de nacionalidad, el Reglamento 2016/1191 minora la incertidumbre jurídica y reduce el coste y la duración del procedimiento de presentación de documentos públicos, beneficiando con ello a los ciudadanos de la Unión Europea.

Al hilo de esta conclusión, cabe traer a colación si las salvaguardias que introduce el Reglamento 2016/1191 para prevenir el uso de documentos públicos falsificados en el territorio de los Estados miembros de la Unión Europea son suficientes.

La norma establece que, si la autoridad del Estado miembro ante la que se presenta el documento público tiene fundadas dudas sobre su autenticidad, podrá ponerlo en conocimiento de la autoridad que expidió el documento público (o copia autorizada) o de la autoridad central que, en nuestro país, se corresponde con la actual Dirección General de Seguridad Jurídica y Fe Pública (art. 14 Reg. 2016/1191). Lo hará a través de la plataforma informática "Sistema de Información del Mercado Interior" (art. 13 Reg. 2016/1191).

A este respecto, cabe recordar que la duda razonable sobre la falsificación o alteración del documento público (o copia autorizada) sólo podrá referirse a la autenticidad de la firma, la calidad en la que haya actuado el signatario del documento o la identidad del sello o timbre. Las autoridades darán respuesta a la solicitud a la mayor brevedad y, en todo caso, en un plazo no superior a cinco días hábiles, o diez días hábiles en el supuesto de que la solicitud se tramite por conducto de la autoridad central (arts. 14.2 y 14.5 Reg. 2016/1191).

De lo referido hasta aquí se puede concluir que, en el ámbito de la Unión Europea, la presunción general de autenticidad de algunos documentos públicos, acompañada del sistema de cooperación entre autoridades que prevé el Reglamento 2016/1191 para los casos en los que surjan dudas sobre la autenticidad del documento, debe ser una realidad aceptada por las autoridades de todos los Estados miembros. Además, esta realidad debe valorarse positivamente porque otorga beneficios tangibles a los ciudadanos y respeta los principios fundamentales libre circulación de la ciudadanía de la Unión[32], confianza mutua[33] y seguridad jurídica internacional.

---

32   Véase en este sentido, la STJUE (Gran Sala), de 14 de diciembre de 2021, as. C-490/20, *Pancharevo*: "...en el caso de un menor ciudadano de la Unión cuyo certificado de nacimiento expedido por las autoridades competentes del Estado miembro de acogida designa como

VI. ESTUDIO COMPARADO RELATIVO AL OTORGAMIENTO DE LA JURA O PROMESA DE NACIONALIDAD EN LOS ESTADOS MIEMBROS DE LA UNIÓN EUROPEA

Al hilo de lo expuesto con anterioridad, cabe recordar que la ciudadanía de la Unión Europea constituye un pilar fundamental de nuestra Unión porque, según lo establecido en la base de datos *Eurostat*, ofrece aproximadamente a cuatrocientos cincuenta millones de personas, derechos y oportunidades que transcienden las fronteras na-

---

progenitores a dos personas del mismo sexo, el Estado miembro del que el menor es nacional está obligado, por una parte, a expedirle un documento de identidad o un pasaporte sin exigir la expedición previa de un certificado de nacimiento por sus autoridades nacionales y, por otra parte, a reconocer, al igual que cualquier otro Estado miembro, el documento procedente del Estado miembro de acogida que permita al menor ejercer con cada una de esas dos personas su derecho a circular y residir libremente en el territorio de los Estados miembros".

33   Véase el Capítulo IV "Solicitudes de información y cooperación administrativa" del Reglamento UE 2016/1191. En un sentido similar se expresó la STJUE de 2 de diciembre de 1997, as. C-336/94, *Dafeki*, FD. 19: "…las autoridades administrativas y judiciales de un Estado miembro están obligadas a respetar las certificaciones y documentos análogos relativos al estado civil de las personas que emanen de las autoridades competentes de los demás Estados miembros, a menos que existan indicios concretos, referidos al caso de que se trate, que hagan dudar seriamente de su exactitud".

cionales[34]. Ahora bien, como es sabido, sólo es ciudadano de la Unión Europea aquél que ostente la nacionalidad de, al menos, un Estado miembro (art. 9 Tratado de la Unión Europea y art. 20 del Tratado de Funcionamiento de la Unión Europea).

Ante este hecho, cobra especial importancia la forma en la que se adquiere la nacionalidad de un Estado miembro y, en lo que aquí interesa, si procede la solemne jura o promesa de la nacionalidad y cómo se realiza. Su variedad es fiel reflejo de la identidad y de la historia de cada nación. Sin embargo, la jura o promesa de nacionalidad (si la hay) no es sólo un compromiso con el nuevo Estado, sino también, por extensión, un compromiso con los valores de la propia Unión Europea.

Desde este postulado, el estudio comparado que aquí se realiza sobre la jura o promesa de nacionalidad en los Estados miembros de la Unión Europea constituye una herramienta indispensable para comprender la realidad de la ciudadanía en la Unión Europea y sus implicaciones prácticas:

---

34   A este respecto, véase la siguiente página web [Fecha de consulta: 30 de junio de 2025]: *https://ec.europa.eu/eurostat/databrowser/view/DEMO_GIND__custom_7680622/bookmark/table?lang=en&bookmarkId=edacacb0-acad-4876-859f-9549d766826b*

1. Alemania

En Alemania, la Ley de Nacionalidad Alemana[35] y el Reglamento Administrativo General
sobre la Ley de Nacionalidad Alemana[36], que
desarrolla la primera, regulan la declaración de
lealtad a la Constitución alemana y a las Leyes
de la República Federal de Alemania. En alemán,
dicha declaración se denomina: *Bekenntnis zur
freiheitlich-demokratischen Grundordnung.*

De conformidad con lo establecido en el ordenamiento jurídico alemán, la declaración de lealtad deben pronunciarla los extranjeros que hayan
adquirido la nacionalidad alemana por naturalización. Concedida la nacionalidad alemana, se celebra una ceremonia de naturalización. En ella, antes
de que tenga lugar la entrega pública del certificado
que acredita la adquisición de la nacionalidad alemana por naturalización (*Einbürgerungsurkunde*),
el interesado está obligado a afirmar (arts. 10.1 y 16
Ley de Nacionalidad Alemana):

---

35 Ley de Nacionalidad Alemana (*Staatsangehörigkeitsge-
setz-StAG*), en su versión revisada, publicada en el Boletín Oficial de la Federación, Parte III, artículo 102-1,
modificada por última vez por el artículo 2 de la Ley de
22 de marzo de 2024 (Boletín Oficial de la Federación
de 2024 I, n.º 104).
36 Reglamento Administrativo General sobre la Ley de Nacionalidad Alemana (*Verwaltungsvorschrift zum Staatsange-
hörigkeitsrecht (VwV-StAR)*), de 13 de diciembre de 2000.

"Declaro solemnemente que respetaré la Constitución alemana y las leyes de la República Federal de Alemania y me abstendré de todo lo que pueda perjudicarlas[37]".

Según lo dispuesto en el Reglamento Administrativo General sobre la Ley de Nacionalidad Alemana, la declaración de lealtad a la Constitución y a las Leyes de la República Federal de Alemania implica, con carácter general, que el ciudadano expresa su compromiso con el orden fundamental, libre y democrático alemán.

Además, en particular, dicha declaración de lealtad también supone que el interesado reconoce (art. 85 Reglamento Administrativo General sobre la Ley de Nacionalidad Alemana): a) el derecho del pueblo a ejercer el poder estatal en elecciones y referendos y por medio de órganos legislativos, ejecutivos y judiciales especiales y a elegir sus representantes en elecciones generales, directas, libre, iguales y secretas; b) la vinculación del poder legislativo al orden constitucional y la vinculación del poder ejecutivo y judicial a la ley y la justicia; c) el derecho a formar y ejercer una oposición parlamentaria; d) la sustituibilidad

---

37   A continuación, se escribe la declaración de lealtad en idioma alemán, tal y como figura en la Ley de Nacionalidad Alemana: *Ich erkläre feierlich, dass ich das Grundgesetz und die Gesetze der Bundesrepublik Deutschland achten und alles unterlassen werde, was ihr schaden könnte.*

del gobierno y su rendición de cuentas a los representantes del pueblo; e) la independencia de los Tribunales; f) la exclusión de cualquier forma de violencia y de gobierno arbitrario y los derechos humanos consagrados en la Constitución de la República Federal de Alemania.

A lo anterior hay que añadir que, el ciudadano, al afirmar en esa declaración de lealtad que "...se abstendrá de todo lo que pueda perjudicar a [las leyes de la República Federal de Alemania]", está dejando constancia de que no persigue, ni apoya, ni ha perseguido, ni ha apoyado, ningún acto que (vid. igualmente el art. 85 del Reglamento Administrativo General sobre la Ley de Nacionalidad Alemana): a) se dirija contra el orden fundamental, libre y democrático, la existencia o la seguridad de la Federación o de un Estado o b) tenga por objeto perjudicar ilícitamente la conducta de los órganos constitucionales de la Federación, de un Estado federado o de sus miembros o c) ponga en peligro los intereses extranjeros de la República Federal de Alemania, mediante el uso de la violencia o de acciones preparatorias encaminadas a tal uso.

En particular, antes de que el ciudadano otorgue la declaración de lealtad a la Constitución alemana y a las Leyes de la República Federal de Alemania, la autoridad competente debe informarle sobre la importancia del compromiso con el orden fundamental, libre y democrático alemán y está obligado a preguntarle si ha de confesar algún acto que pueda ser catalogado como contrario a las Leyes de la República Federal de Alemania, en los términos expresados con anterioridad.

Ahora bien, el menor que no haya cumplido dieciséis años, en la fecha de la concesión de la nacionalidad alemana por naturalización, no está obligado a prestar la declaración de lealtad a la Constitución alemana, ni tampoco a confesar si ha realizado algún acto que pueda ser contrario a las Leyes de la República Federal de Alemania (vid. igualmente el art. 85 del Reglamento Administrativo General sobre la Ley de Nacionalidad Alemana).

En definitiva, la declaración de lealtad a la Constitución alemana y a las Leyes de la República Federal de Alemania es una manifestación solemne y obligatoria, por la que se pone fin al proceso de naturalización por el que se adquiere la nacionalidad alemana, la cual se materializa, efectivamente, con la entrega del certificado de naturalización expedido por la autoridad competente en materia de ciudadanía.

2. Austria

En Austria, la Ley de Nacionalidad de Austria regula el acto de jura de nacionalidad[38]. Su artí-

---

38   Ley de Nacionalidad de Austria (*Staatsbürgerschaftsgesetz*), publicada en el Boletín Oficial Federal núm.

culo 21.2 establece que, el extranjero mayor de dieciocho años, que tenga plena capacidad de obrar, podrá adquirir la nacionalidad austriaca por naturalización, siempre que preste el siguiente juramento:

> "Juro que perteneceré a la República de Austria como ciudadano leal, que siempre observaré concienzudamente sus leyes y me abstendré de todo lo que pueda ser perjudicial para los intereses y la reputación de la República de Austria, y que estoy comprometido con los valores fundamentales de este Estado democrático europeo y de su sociedad"[39].

El extranjero debe otorgar juramento ante la autoridad competente de la jurisdicción en la que se halle la Oficina del Registro Civil del domicilio del solicitante, sólo si su residencia principal se encuentra en el territorio de la República

---

311/1985 [Fecha de consulta: 30 de junio de 2025]: https://www.jusline.at/gesetz/stbg

39   A continuación, se escribe el juramento, en idioma alemán, tal y como aparece en la Ley de Nacionalidad de Austria: *Ich gelobe, dass ich der Republik Österreich als getreuer Staatsbürger angehören, ihre Gesetze stets gewissenhaft beachten und alles unterlassen werde, was den Interessen und dem Ansehen der Republik abträglich sein könnte und bekenne mich zu den Grundwerten eines europäischen demokratischen Staates und seiner Gesellschaft.*

de Austria (arts. 22.1 y 49.2 Ley de Nacionalidad de Austria). A diferencia de ello, si la residencia principal del interesado estuviera fuera del territorio de la República de Austria, el ciudadano tendrá que prestar el juramento ante el consulado austriaco o, en su defecto, ante la autoridad de la misión diplomática austriaca en cuyo territorio se halle la residencia principal del extranjero[40] (arts. 22.2 y 41.2 Ley de Nacionalidad de Austria). En ambos casos, el peticionario otorgará el juramento en forma oral.

La jura de nacionalidad austriaca se celebrará en una ceremonia de naturalización, en la que se cantará el himno nacional (también por parte del interesado) en presencia de las tres banderas siguientes: la bandera de la República de Austria, la del respectivo Estado federado y la de la Unión Europea (art. 21.1 Ley de Nacionalidad de Austria).

Después de la ceremonia de naturalización, se expedirá un certificado en el que se hará constar que el extranjero ha adquirido la nacionalidad austriaca (art. 23 Ley de Nacionalidad de Austria). El interesado será considerado, oficialmente, ciu-

---

40   En este caso, la autoridad de la misión diplomática austriaca, en cuyo territorio se encuentre la residencia principal del interesado, aplicará la Ley de Procedimiento Administrativo General, publicada en el Boletín Oficial Federal núm. 51/1991 (*vid*. art. 41.2 *in fine* Ley de Nacionalidad de Austria).

dadano austriaco, desde de fecha que figure en dicho certificado.

3. Bélgica

En Bélgica, las cuestiones relacionadas con la atribución, adquisición, pérdida o recuperación de la nacionalidad belga se regulan en el Código de la Nacionalidad Belga[41]. En lo que aquí interesa, la norma dispone que únicamente el ciudadano que solicite la nacionalidad belga por naturalización está obligado a prestar juramento (art. 18 Código de la Nacionalidad Belga).

En este contexto, cabe poner de manifiesto que podrá adquirir la nacionalidad belga por naturalización el mayor de dieciocho años, que resida legalmente en Bélgica y que haya demostrado *méritos excepcionales* en los ámbitos científico, deportivo o sociocultural, siempre que éstos aporten una contribución específica a la proyección internacional de Bélgica[42].

---

41   Código de la Nacionalidad Belga (*Code de la nationalité belge,* 1984-06-28/35, de 12 de julio de 1984).

42   Art. 16 de la Ley de 4 de diciembre de 2012, por la que se modifica el Código de Nacionalidad Belga para que la adquisición de la nacionalidad belga sea neutra desde el punto de vista de la inmigración (*Loi du 4 décembre 2012, modifiant le Code de la nationalité belge afin de rendre l'acquisition de la nationalité belge neutre du*

En particular, respecto de la invocación de los *méritos excepcionales* referenciados, el interesado debe (bajo pena de inadmisibilidad de la solicitud) acreditar los siguientes hechos[43]: si proceden del campo científico, el doctorado; si se enmarcan en el ámbito deportivo, el cumplimiento de los criterios de selección internacionales o, en su caso, de los criterios impuestos por el Comité Olímpico e Interfederal Belga (COIB) para la participación en un campeonato de nivel europeo, mundial o los Juegos Olímpicos; y si se integran en el ámbito sociocultural, se requiere haber llegado a la fase final de un concurso cultural internacional, o bien, haber sido recompensado por sus méritos en el plano cultural o por su inversión social y societaria.

Por su parte, el extranjero que haya cumplido dieciocho años[44] (o el emancipado antes de

---

point de vue de l'immigration, 2012-12-04/04, du 14 de décembre 2012).

43 *Vid*. igualmente el artículo 16 de la Ley de 4 de diciembre de 2012, por la que se modifica el Código de Nacionalidad Belga para que la adquisición de la nacionalidad belga sea neutra desde el punto de vista de la inmigración *(Loi du 4 décembre 2012, modifiant le Code de la nationalité belge afin de rendre l'acquisition de la nationalité belge neutre du point de vue de l'immigration, 2012-12-04/04, du 14 de décembre 2012)*.

44 Art. 121 de la Ley de 24 de abril de 2014, que contiene diversas disposiciones relativas a la Justicia *(Loi du 24*

esa edad[45]) también podrá solicitar la nacionalidad belga por naturalización, siempre que tenga
el estatuto de apátrida en Bélgica —de acuerdo
con los Convenios internacionales vigentes— y
haya residido legalmente en el país durante, al
menos, dos años[46]. Ahora bien, la solicitud de la
nacionalidad belga por naturalización no tendrá
validez si, tras su presentación, el interesado deja
de residir legalmente en Bélgica o cambia de residencia principal (art. 21.4 Código de la Nacionalidad Belga).

El interesado puede presentar su solicitud de
adquisición de la nacionalidad belga por naturalización ante *l'officier de l'état civil* del lugar en el

---

avril 2014, portant des dispositions diverses en matière
de Justice, 2014-04-25/23, du 14 de mai 2014).

45   Art. 146 de la Ley de 18 de junio de 2018, que contiene
     diversas disposiciones relativas al Derecho civil y dispo-
     siciones para promover formas alternativas de resolución
     de litigios (*Loi du 18 juin 2018, Loi portant dispositions
     diverses en matière de droit civil et des dispositions en
     vue de promouvoir des formes alternatives de résolution
     des litiges, 2018-06-18/03, du 2 de juillet 2018*).

46   *Vid*. igualmente el artículo 16 de la Ley de 4 de di-
     ciembre de 2012, por la que se modifica el Código de
     Nacionalidad Belga para que la adquisición de la na-
     cionalidad belga sea neutra desde el punto de vista de
     la inmigración (*Loi du 4 décembre 2012, modifiant le
     Code de la nationalité belge afin de rendre l'acquisition
     de la nationalité belge neutre du point de vue de l'im-
     migration, 2012-12-04/04, du 14 de décembre 2012*).

que tiene su residencia o, alternativamente, ante la *Chambre des représentants*. En particular, el formulario de solicitud, cuyo contenido es fijado por el Rey, a propuesta del ministro de Justicia, puede adquirirse en las administraciones municipales[47]. De ello se deduce que es el Rey quien, a propuesta del ministro de Justicia, determina la documentación que el interesado debe presentar para justificar el cumplimiento de los *méritos excepcionales* citados, sin perjuicio de que el peticionario pueda incorporar cualesquiera otros que estime oportunos.

El interesado debe firmar el formulario de solicitud de adquisición de la nacionalidad belga por naturalización, siendo forzoso que preceda a la firma la siguiente nota manuscrita[48]:

---

47   Art. 17 de la Ley de 4 de diciembre de 2012, por la que se modifica el Código de Nacionalidad Belga para que la adquisición de la nacionalidad belga sea neutra desde el punto de vista de la inmigración *(Loi du 4 décembre 2012, modifiant le Code de la nationalité belge afin de rendre l'acquisition de la nationalité belge neutre du point de vue de l'immigration, 2012-12-04/04, du 14 de décembre 2012).*

48   *Vid*. igualmente el art. 17 de la Ley de 4 de diciembre de 2012, por la que se modifica el Código de Nacionalidad Belga para que la adquisición de la nacionalidad belga sea neutra desde el punto de vista de la inmigración *(Loi du 4 décembre 2012, modifiant le Code de la nationalité belge afin de rendre l'acquisition de la na-*

"Declaro que deseo adquirir la nacionalidad belga y someterme a la Constitución, a las leyes del pueblo belga y al Convenio para la Protección de los Derechos Humanos y de las Libertades Fundamentales"[49].

A este respecto, cabe poner de relieve que, en el ordenamiento jurídico belga, la jura de nacionalidad no consiste en la celebración de un acto solemne, a diferencia de lo que sucede con otros Estados miembros de la Unión Europea, sino que se trata de una fórmula escrita que obligatoriamente debe incluirse en el formulario de solicitud.

Con posterioridad, *l'officier de l'état civil* o, en su caso y según proceda, la *Chambre des représentants*, acusarán recibo de la solicitud, en el plazo de los quince días siguientes a su recepción, pero sólo si el interesado ha pagado la tasa de registro[50]. En este período, la *Chambre des re-*

---

tionalité belge neutre du point de vue de l'immigration, 2012-12-04/04, du 14 de décembre 2012).

49   A continuación, se escribe el texto del juramento en francés, tal y como figura en la Ley de 4 de diciembre de 2012, por la que se modifica el Código de Nacionalidad Belga: *Je déclare vouloir acquérir la nationalité belge et me soumettre à la Constitution, aux lois du peuple belge et à la Convention de sauvegarde des droits de l'homme et des libertés fondamentales.*

50   Art. 238 del Código de Registro, la Hipoteca y las Tasas Judiciales (*Code des droits d'enregistrement, d'hypothèque et de greffe a été acquitté*).

présentants remitirá el expediente al *tribunal de première instance* de la residencia principal del solicitante y, también, a *l'Office des étrangers et à la Sûreté de l'Etat* para que, en el plazo de cuatro meses a contar desde la fecha de recepción, emitan un dictamen que se pronunciará sobre si el interesado cumple, o no, con los *méritos excepcionales* indicados con anterioridad (art. 21.5 Código de la Nacionalidad Belga).

La *Chambre de représentants* decidirá sobre si procede la concesión de la nacionalidad belga por naturalización, a la luz de lo establecido en el dictamen y, si su respuesta fuera positiva, el acta por la que se concede la nacionalidad belga por naturalización se sancionará por el Rey, a propuesta del ministro de Justicia, y se publicará en el Boletín Oficial Belga (art. 21.6 Código de la Nacionalidad Belga).

4. Bulgaria

En Bulgaria, la Constitución de la República de Bulgaria[51] y la Ley de Nacionalidad de la

---

51 La Constitución de la República de Bulgaria, promulgada en el Boletín Oficial búlgaro n.º 56, de 13 de julio de 1991; modificaciones en los Boletines n.º 85, de 26 de septiembre de 2003; n.º 18, de 25 de febrero de 2005; n.º 27, de 31 de marzo de 2006; n.º 78, de 26 de sep-

República de Bulgaria[52] son las dos normas que
regulan las modalidades de adquisición, conservación, privación y pérdida de la nacionalidad
búlgara. En particular, la Constitución de la República de Bulgaria establece que las condiciones y
el procedimiento por el que se regula la adquisición, conservación o pérdida de la nacionalidad
búlgara se regulará por lo establecido en la ley
(art. 25 Constitución de la República de Bulga-

----

tiembre de 2006 (sentencia del Tribunal Constitucional
n.º 7/2006); n.º 12, de 6 febrero de 2007; y n.º 100, de
18 de diciembre de 2015 [Fecha de consulta: 30 de
junio de 2025]: *https://www.parliament.bg/en/const*

52   Ley de Nacionalidad de la República de Bulgaria (*Bul-
garian Citizenship Law*), promulgada en el Boletín Oficial búlgaro n.º 136, de 18 de noviembre de 1998; modificaciones en los Boletines n.º 41, de 24 de abril de
2001; n.º 54, de 31 de mayo de 2002; n.º 52, de 29 de
junio de 2007; n.º 109, de 20 de diciembre de 2007; n.º
74, de 15 de septiembre de 2009; n.º 82, de 16 de octubre de 2009; n.º 33, de 30 de abril de 2010; n.º 11, de
7 de febrero de 2012; n.º 21, de 13 de marzo de 2012;
n.º 16, de 19 de febrero de 2013; n.º 66, de 26 de julio
de 2013; n.º 68, de 2 de agosto de 2013; n.º 108, de
17 de diciembre de 2013; n.º 98, de 28 de noviembre
de 2014; n.º 14, de 20 de febrero de 2015; n.º 22, de
24 de marzo de 2015; n.º 103, de 27 de diciembre de
2016; n.º 77, de 18 de septiembre de 2018; n.º 21, de
12 de marzo de 2021; n.º 22, de 18 de marzo de 2022;
y n.º 26, de 1 de abril de 2022 [Fecha de consulta: 30
de junio de 2025]:
*https://legislationline.org/sites/default/files/2025-02/
BULGARIAN%20CITIZENSHIP%20LAW.pdf*

ria). Al hilo de esta afirmación, cabe entender que la Constitución de la República de Bulgaria remite, en esta materia, a la Ley de Nacionalidad de la República de Bulgaria.

Ahora bien, la Ley de Nacionalidad de la República de Bulgaria no regula el acto de jura o promesa de nacionalidad búlgara. Por consiguiente, el extranjero que adquiera la nacionalidad búlgara podrá ser considerado, oficialmente, ciudadano búlgaro, sin tener que prestar juramento, promesa o declaración de lealtad a la Constitución de la República de Bulgaria y a las leyes del Estado.

En consecuencia, el procedimiento por el que se adquiere la nacionalidad búlgara finalizará con la expedición, por parte del Ministerio de Justicia, de un certificado de ciudadanía. Éste se emitirá en el plazo de treinta días a partir de la fecha de recepción de los documentos y su validez será de un año, desde la fecha de emisión. En ese certificado se indicará si la persona es, o no, ciudadana búlgara según los registros que constan en el Ministerio de Justicia (art. 39 Ley Nacionalidad de la República de Bulgaria).

5. Chequia

En Chequia, la Ley n.º 186/2013, relativa a la ciudadanía de la República Checa y modificación de determinados actos, es la norma aplicable a las cuestiones relativas a la adquisición y a la pérdida de la nacionalidad checa[53]. De conformidad con lo establecido en ella, el interesado está obligado a prestar el juramento de nacionalidad checa, salvo que sea menor de quince años (art. 27.3 Ley de Ciudadanía de la República Checa). Excepcionalmente, si tuviera más de quince años, el Ministro podría exonerarle de otorgar el juramento de nacionalidad si concurren sobre su persona razones que merecen una especial consideración (art. 27.6 Ley de Ciudadanía de la República Checa).

Por tanto, están exentos de otorgar el juramento de nacionalidad checa el niño menor de quince años y el mayor de esa edad, a único juicio del Ministerio porque la Ley de Nacionalidad Checa no dota de significado, ni de contenido, los motivos que merecen esa *especial consideración*.

El juramento se prestará, normalmente, en forma pública y solemne, ante el Director de la Oficina Regional, situada en la capital de Praga; ante el Secretario de la Oficina del distrito urbano de la capital de Praga especificado en el Ane-

---

53   Ley n.º 186/2013, relativa a la ciudadanía de la República Checa (*Zákon č. 186/2013 Sb*) [Fecha de consulta: 30 de junio de 2025]: *https://www.zakonyprolidi.cz/cs/2013-186*

xo n.º 1 de la Ley de Ciudadanía de la República Checa[54]; o bien, ante una persona autorizada por él (art. 27.4 Ley de Ciudadanía de la República Checa). Excepcionalmente, el juramento también podrá otorgarse, en el extranjero, ante el Jefe de una Oficina de Representación o de una Oficina Consular de la República Checa (salvo aquellas Oficinas Consulares dirigidas por un funcionario consular honorario); o en su caso, ante una persona autorizada por él (art. 27.4 *in fine* Ley de Ciudadanía de la República Checa).

El texto del juramento dice (art. 27.2 Ley de Ciudadanía de la República Checa):

> "Juro mi lealtad a la República Checa por mi honor. Prometo acatar su Constitución y demás leyes de la República Checa"[55].

El solicitante está obligado a prestar juramento en el plazo máximo de doce meses, a contar desde la fecha de la entrega de la invitación. En el supuesto de que no lo hiciera, el Ministerio resolverá el procedimiento y anulará la decisión de concesión de la nacionalidad de la República

---

54   *https://www.zakonyprolidi.cz/cs/2013-186?text=jura*
55   A continuación, se escribe el texto en idioma checo, tal y como figura en la Ley de Ciudadanía de la República Checa: *Slibuji na svou čest věrnost České republice. Slibuji, že budu dodržovat její Ústavu a ostatní zákony České republiky.*

Checa (art. 27.5 Ley de Ciudadanía de la República Checa). A este respecto, cabe señalar que el
solicitante podrá presentar una nueva solicitud,
como máximo, dos años después de la fecha en
la que la decisión de rechazo entre en vigor (art.
25 Ley de Ciudadanía de la República Checa).

Por tanto, la nacionalidad de la República
checa se adquiere el día de la prestación del juramento; o, en su caso, el día en el que la exención del juramento entra en vigor legalmente; o,
si procede, el día en el que el representante legal
del niño menor de quince años recibe el documento por el que se le otorga la nacionalidad de
la República checa (art. 27.1 Ley de Ciudadanía
de la República Checa). La adquisición de la nacionalidad checa se inscribirá en el Registro Central de personas físicas (art. 50 Ley de Ciudadanía
de la República Checa).

6. Chipre

En Chipre, las modalidades para la adquisición y la pérdida de la nacionalidad chipriota
se regulan en la Ley de Nacionalidad de la República de Chipre, de 28 de julio de 1967[56]. Su
sección 6 dispone que sólo algunos de los soli-

---

56   Ley de Nacionalidad de la República de Chipre (*Citi-
      zenship law of the Republic of Cyprus, 28th July 1967*)

citantes que adquieran la nacionalidad chipriota por naturalización están obligados a prestar de la Declaración de Fe por la que se comprometen a cumplir con las Leyes de la República de Chipre, tal y como se verá más adelante.

Finalizado el proceso de naturalización, el Ministro del Interior otorgará al beneficiario un certificado de naturalización. Ahora bien, la persona que recibe dicho certificado sólo será considerada, oficialmente, ciudadano chipriota, después de realizar la Declaración de Fe a la República de Chipre, de conformidad con lo establecido en el Anexo primero de la norma:

> "Yo, [nombre y apellidos], declaro mi fe en la República de Chipre y mi respeto por sus leyes"[57].

A este respecto, cabe poner de manifiesto quiénes están obligados a prestar dicha Declaración de Fe:

La persona —mayor de edad y con plena capacidad de obrar— que naciera a partir del 16 de

---

[Fecha de consulta: 30 de junio de 2025]: *https://www. justice.gov/file/291721/dl?inline=*

57 A continuación, se escribe la Declaración de Fe en la República de Chipre, en idioma inglés, tal y como figura en el Anexo primero de la Ley de Nacionalidad de la República de Chipre: *I, …, do affirm faith to the Republic of Cyprus and respect for its laws*.

agosto de 1960, siempre que fuera descendiente
de otra persona que naciera en Chipre, entre el
5 de noviembre de 1914 y el 16 de agosto de
1960. La Ley de Nacionalidad de la República
de Chipre exige que, durante este período, los
progenitores de quien solicite la adquisición de
la nacionalidad chipriota por naturalización debieron haber tenido su residencia habitual en el
país (sección 3(5) Ley de Nacionalidad de la República de Chipre).

El ciudadano procedente de Reino Unido o de
sus colonias (o de un país de la *Commonwealth*),
de origen chipriota, mayor de edad y con plena
capacidad de obrar, siempre que pueda acreditar
ante el Ministro del interior que reside habitualmente en Chipre y lo ha hecho durante, al menos, los doce meses inmediatamente anteriores
a la fecha de presentación de su solicitud (sección 5(1) Ley de Nacionalidad de la República
de Chipre). Este período podrá ser inferior si así lo
autoriza el Ministro del Interior, por razones especiales, atendiendo a las circunstancias de cada
caso; que goza de buena reputación; y que tiene
la intención de continuar residiendo en la República de Chipre (*vid.* igualmente la sección 5(1)
Ley de Nacionalidad de la República de Chipre).

Y el solicitante, mayor de edad y con plena
capacidad de obrar, que pueda demostrar ante el
Ministro del Interior que es cónyuge, viudo o viu-

da de un ciudadano de la República o fue cónyuge de una persona que, de estar viva, se habría
convertido o tendría derecho a convertirse en
ciudadano de la República Chipre; y ha convivido con su cónyuge durante un período no inferior
a dos años (sección 5(2) Ley de Nacionalidad de
la República de Chipre).

7. Croacia

En Croacia, la Ley de Nacionalidad de la República de Croacia dispone que la nacionalidad
croata puede adquirirse por origen, por nacimiento en el territorio de la República de Croacia, por
naturalización o a través de otra vía, de acuerdo
con lo dispuesto en los Tratados internacionales
en los que Croacia sea Estado parte (art. 3 Ley de
Nacionalidad de la República de Croacia)[58].

Ahora bien, en lo que aquí interesa, únicamente el ciudadano que adquiera la nacionalidad croata por naturalización está obligado a
prestar juramento solemne (art. 24B *ab initio* Ley

---

58   Ley de Nacionalidad de la República de Croacia (*Croa-
      tian Citizenship, Official Gazette 53/91, 70/91, 28/92,
      113/93, 4/94, 130/11, 110/15, 102/19 y 138/21*, cuya
      última versión entró en vigor el 1 de enero de 2022)
      [Fecha de consulta: 30 de junio de 2025]: *https://odv-
      jetnistvo-ljubic.com/upload/download/zakon-o-hrvats-
      kom-drzavljanstvu-oulj.pdf*

de Nacionalidad de la República de Croacia). Antes de ese acto, el interesado tiene que presentar
su solicitud para adquirir la nacionalidad croata
por naturalización en la jefatura o comisaría de
policía o, en su caso, en la oficina diplomática
o consular de la República de Croacia en el extranjero. Si el interesado fuera menor de edad,
su progenitor es quien debe presentar la solicitud
en su nombre (art. 24 Ley de Nacionalidad de la
República de Croacia).

La nacionalidad croata se adquiere por naturalización a partir del día en el que se notificó el decreto de admisión a la ciudadanía croata (art. 24A
Ley de Nacionalidad Croata). En esta etapa, el interesado debe prestar juramento solemne, cuyo texto
dice (art. 24B *in fine* Ley de Nacionalidad Croata):

> "Juro por mi honor que, como ciudadano croa-
> ta, acataré la Constitución y las leyes, y respe-
> taré el ordenamiento jurídico, la cultura y las
> costumbres de la República de Croacia[59]".

El Ministro del Interior es la autoridad competente para establecer, mediante ordenanza, la

---

59   A continuación, se escribe el texto del juramento en
     idioma croata, tal y como aparece en la Ley de Nacio-
     nalidad de la República de Croacia: *Prisežem svojom
     čašću da ću se kao hrvatski državljanin/državljanka
     pridržavati Ustava i zakona te poštivati pravni poredak,
     kulturu i običaje u Republici Hrvatskoj.*

forma y el procedimiento para los juramentos solemnes y, también, para emitir el decreto sobre la adquisición de la nacionalidad croata (*vid.* igualmente art. 24B *in fine* y art. 25 Ley de Nacionalidad de la República de Croacia). En virtud de éste, se obtendrá el certificado de ciudadanía (art. 28 Ley de Nacionalidad de la República de Croacia). Por tanto, otorgado el juramento y expedido el certificado de ciudadanía croata, el extranjero será considerado, oficialmente, ciudadano croata.

La ciudadanía croata tiene que inscribirse en el Registro de Ciudadanía. Si el interesado nació en el territorio de la República de Croacia, la inscripción se realizará en la Oficina del Registro del municipio en el que se encuentre su lugar de nacimiento. Por el contrario, si el sujeto nació en el extranjero (tal y como sucede habitualmente en los casos de naturalización), la inscripción se realizará en la Oficina del Registro del municipio en el que reside la persona que presentó la solicitud de adquisición de la nacionalidad croata (art. 27 Ley de Nacionalidad de la República de Croacia).

8. Dinamarca

En Dinamarca, la Ley de Nacionalidad del Reino de Dinamarca regula las cuestiones rela-

tivas a la adquisición y a la pérdida de la nacionalidad danesa[60]. En ella, se prevé la celebración
de una ceremonia que incluye una declaración
solemne de lealtad a la Constitución del Reino
de Dinamarca y a sus leyes (*grundlovsceremoni
og erklæring*). Dicha declaración constituye un
requisito obligatorio para aquellas personas que
han obtenido la nacionalidad danesa por naturalización.

A este respecto, cabe mencionar que la solicitud para adquirir la nacionalidad danesa por
naturalización debe presentarse, digitalmente,
ante el Ministerio de Inmigración e Integración.
Excepcionalmente, el Ministerio de Inmigración
e Integración podrá ofrecer al solicitante una vía
alternativa de presentación si considera que existen circunstancias especiales que impiden al solicitante utilizar la modalidad digital (art. 12 A Ley
de Nacionalidad del Reino de Dinamarca).

---

60   Ley de Nacionalidad del Reino de Dinamarca, en su
      versión consolidada n.º 1191, de 5 de agosto de 2020,
      con las modificaciones resultantes del artículo 2 de la
      Ley n.º 1192, de 8 de junio de 2021, la Ley n.º 1193,
      de 8 de junio de 2021, la Ley n.º 2056, de 16 de no-
      viembre de 2021, el artículo 1 de la Ley n.º 2057, de
      16 de noviembre de 2021, y la Ley n.º 453, de 20 de
      abril de 2022 (*Bekendtgørelse af lov om dansk indíøds-
      ret (LBK nr 1656 af 23/12/2022)* [Fecha de consulta: 30
      de junio de 2025]: *https://www.retsinformation.dk/eli/
      lta/2022/1656*

En el momento de presentación de la solicitud para la adquisición de la nacionalidad danesa por naturalización, el peticionario debe abonar una tasa de 4.000 DKK al Ministerio de Inmigración e Integración. Es responsabilidad del solicitante documentar el pago previo de la tasa, la cual no se reembolsará en el caso de que la solicitud no se apruebe (art. 12 Ley de Nacionalidad del Reino de Dinamarca).

Una vez presentada la solicitud y, si procede, otorgada la nacionalidad danesa por naturalización, se celebrará una ceremonia para que el solicitante pueda firmar una declaración de fidelidad a Dinamarca, en la que promete observar la Constitución del Reino de Dinamarca, cumplir con sus leyes y respetar los valores fundamentales daneses, incluyendo la democracia y los derechos humanos (art. 10 Ley de Nacionalidad del Reino de Dinamarca).

La ceremonia se celebra a nivel municipal porque se organiza por parte de los Ayuntamientos. Los Ayuntamientos (que podrán fijar una fecha límite de inscripción para participar en la ceremonia) indicarán a los destinarios, mediante aviso público y, al menos, dos veces al año, la posibilidad de participar en la ceremonia de la ciudadanía danesa (art. 10.3 Ley de Nacionalidad del Reino de Dinamarca). En ella, el ciudadano firmará la declaración de fidelidad mencionada y el Ayuntamiento la enviará, sin demora, al Ministerio de Inmigración e Integración (art. 10.2 Ley de Nacionalidad del Reino de Dinamarca).

La ceremonia concluye con el intercambio de un apretón de manos entre el ciudadano y el funcionario, que habitualmente será el alcalde o un representante del municipio (art. 10.4 Ley de Nacionalidad del Reino de Dinamarca). El apretón de manos se introdujo, en junio de 2018, tras la firma de un nuevo acuerdo de naturalización entre el gobierno danés (Liberales, Alianza Liberal y Conservadores), los Socialdemócratas y el Partido Popular Danés.

Ahora bien, su incorporación trajo como consecuencia la queja de algunos colectivos que, por motivos religiosos, no desean tener contacto físico con personas ajenas a su círculo íntimo y, en especial, si son del sexo opuesto. A pesar de ello, el apretón de manos se mantiene como parte de la ceremonia porque el Ministerio de Inmigración e Integración lo calificó como un requisito proporcional, no arbitrario ni discriminatorio, que simboliza un valor fundamental en Dinamarca de muestra de respeto a los demás[61].

---

61   *https://globalcit.eu/denmark-introduces-local-citizenship-ceremonies-with-mandatory-handshaking/*

9. Eslovaquia

En Eslovaquia, la Ley del Consejo Nacional de la República Eslovaca n.º 40/1993, de 19 de enero de 1993 (en su versión modificada, de 1 de abril de 2022) regula el juramento o promesa de lealtad a la República de Eslovaquia y a la observancia de su Constitución y de sus leyes (*sl'ub*)[62]. Se trata de un requisito de obligado cumplimiento para los solicitantes que adquieran la nacionalidad eslovaca por naturalización[63]. No obstante, excepcionalmente, los menores de catorce años y las personas cuyo estado de salud no lo permita, no están obligados a prestar dicho juramento o promesa (art. 10 Ley de Nacionalidad de la República de Eslovaquia).

El ciudadano de la República de Eslovaquia otorgará juramento o promesa ante el jefe de la Oficina del distrito en la sede de la Región, el Embajador, el Cónsul u otra persona autorizada por los anteriores, cuyo texto dice (art. 12 Ley de Nacionalidad de la República de Eslovaquia):

---

62 la Ley del Consejo Nacional de la República Eslovaca n.º 40/1993, de 19 de enero de 1993 (*Zákon o štátnom občianstve Slovenskej republiky*) [Fecha de consulta: 30 de junio de 2025]:

63 *https://www.minv.sk/?udelenie-statneho-obcianstva-slovenskej-republiky-1*

"Prometo por mi honor y conciencia que seré fiel a la República Eslovaca, observaré la Constitución de la República Eslovaca, las leyes constitucionales, las leyes y otras normas jurídicas generalmente vinculantes y cumpliré debidamente con todas las obligaciones de un ciudadano de la República Eslovaca" [64].

Por tanto, el juramento o promesa se otorgará en la Oficina de distrito en la sede de la Región, en una misión diplomática o en una Oficina Consular de la República Eslovaca, según proceda, y el funcionario que competente (de acuerdo con lo expuesto en el párrafo anterior) levantará acta del juramento y lo enviará al Ministerio del Interior, junto con el documento que acredita la obtención de la nacionalidad de la República Eslovaca (*vid.* igualmente art. 10 Ley de Nacionalidad de la República de Eslovaquia).

En este marco, cabe señalar que, si el Ministerio del Interior no concediera la ciudadanía de la República de Eslovaquia, el solicitante podrá pre-

---

64   A continuación, se escribe el texto del juramento o promesa, en idioma eslovaco, tal y como figura en la Ley del Consejo Nacional de la República Eslovaca: *Sľubujem na svoju česť a svedomie, že budem verný Slovenskej republike, budem dodržiavať Ústavu Slovenskej republiky, ústavné zákony, zákony a iné všeobecne záväzné právne predpisy a riadne plniť všetky povinnosti štátneho občana Slovenskej republiky.*

sentar una nueva solicitud de concesión, como mínimo, dos años después de la fecha de entrada en vigor de la decisión de denegación de la solicitud (art. 13 Ley de Nacionalidad de la República de Eslovaquia).

Ahora bien, si el Ministerio otorgara la nacionalidad de la República Eslovaca, pero el solicitante, sin motivo justificado, no recogiera la certificación por la que se le concede, en el plazo de seis meses, a contar desde la fecha de entrega de la carta de invitación a la ceremonia, el Ministerio del Interior suspenderá el procedimiento. La suspensión constará en el expediente y se le notificará al solicitante (art. 11 Ley de Nacionalidad de la República de Eslovaquia).

La concesión de la ciudadanía de la República de Eslovaquia lleva aparejado el pago de una tasa administrativa, de conformidad con lo dispuesto en la Ley n.º 145/1995 del Consejo Nacional de la República Eslovaca sobre Tasas Administrativas[65].

---

65   La tabla de las tasas administrativas (actualizada a fecha 2024) se encuentra en el siguiente enlace [Fecha de consulta: 30 de junio de 2025]:
      https://www.minv.sk/swift_data/source/miestna_statna_sprava/okres_presov/slobodny_pristup_k_informaciam/spravpopl2024.pdf

10. Eslovenia

En Eslovenia, la Ley de Nacionalidad de la República de Eslovenia establece que el juramento o promesa de lealtad a la Constitución de la República Eslovena y a las leyes del país (*svečana izjava*[66]) es un requisito obligatorio para adquirir la nacionalidad eslovena por naturalización (arts. 10 a 16 Ley de Nacionalidad de la República de Eslovenia) [67].

La solicitud debe presentarse ante la autoridad administrativa en cuyo territorio la persona tenga su residencia, permanente o temporal (art. 27 *ab initio* Ley de Nacionalidad de la República de Eslovenia). En relación con ello, cabe advertir que la autoridad competente podrá, a su discreción, aceptar la solicitud de una persona que pida la nacionalidad eslovena por naturalización, si su petición no vulnera el interés nacional y siempre que, entre otros requisitos, haga una declaración de que, al adquirir la ciudadanía de la República de Eslovenia, se compromete a respetar el orden constitucional libre y democrático, fundado en la Constitución de la República de Eslovenia (art. 10.10 Ley de Nacionalidad de la República de Eslovenia).

---

66   *https://www.gov.si/en/topics/citizenship/*
67   Ley de Nacionalidad de la República de Eslovenia (*Zakon o državljanstvu Republike Slovenije, Uradni list RS, št. 7/03 z dne 23. 1. 2003*) [Fecha de consulta: 30 de junio de 2025]: *https://pisrs.si/pregledNpb?idPredpisa=ZAKO13&idPredpisaChng=ZAKO3570*

A este respecto, la norma establece que a la persona que solicite la ciudadanía de la República de Eslovenia, por naturalización, se le podrá otorgar una garantía de que, si cumple con las condiciones establecidas, será aceptada su petición (art. 11 Ley de Nacionalidad de la República de Eslovenia). El solicitante será considerado, oficialmente, nacional de la República de Eslovenia por naturalización desde el día en que se notifique la adquisición de la ciudadanía (art. 15 Ley de Nacionalidad de la República de Eslovenia).

Por consiguiente, en Eslovenia, a diferencia de lo establecido en los ordenamientos jurídicos de otros Estados miembros de la Unión Europea, la promesa o juramento de lealtad a la Constitución y a las leyes del país no es un acto solemne posterior a la adquisición de la nacionalidad, sino un requisito previo a la misma.

11. Estonia

En Estonia, Ley de Nacionalidad de Estonia regula las cuestiones relativas a la adquisición de la ciudadanía del Estado estonio, lo que incluye la promesa o juramento de lealtad al país (*truudusevanne*)[68]. Se

---

68   Ley de Nacionalidad de Estonia (*Kodakondsuse seadus, 19.01.1995*) [Fecha de consulta: 30 de junio de 2025]: *https://www.riigiteataja.ee/akt/KodS*

trata de un acto obligatorio para todas las personas que hayan obtenido la nacionalidad estonia por naturalización.

En este contexto, el extranjero que desee adquirir la nacionalidad estonia debe ser leal al Estado estonio y, para ello, tiene que prestar el siguiente juramento (arts. 6.6 y 6.7 Ley de Nacionalidad de Estonia):

"Al solicitar la ciudadanía estonia, juro lealtad al orden constitucional de Estonia"[69].

De ello puede desprenderse que, de conformidad con lo establecido en el ordenamiento jurídico estonio, el juramento constituye un acto solemne y formal que el solicitante está obligado a otorgar. Por consiguiente, el ciudadano sólo será considerado, oficialmente, nacional estonio, tras la prestación del juramento de nacionalidad.

12. Finlandia

En Finlandia, la Ley n.º 359/2003 relativa a la ciudadanía finlandesa regula todas las cuestiones relativas a la adquisición y a la pérdida de la na-

---

69   A continuación, se escribe el texto del juramento, en idioma estonio, tal y como aparece en la Ley de Nacionalidad de Estonia: *Taotledes Eesti kodakondsust, tõotan roca ustav Eesti põhiseaduslikule korrale.*

cionalidad finlandesa[70]. Ahora bien, en ella, no se regula acto de jura o promesa de nacionalidad. Por tanto, el extranjero que solicite la adquisición de la nacionalidad finlandesa por naturalización (o a través de cualquier otra vía, si procede) no está obligado a prestar juramento o promesa de lealtad a la Constitución y a las leyes del país. El sujeto será considerado, oficialmente, ciudadano finlandés desde la fecha que figure en el certificado de naturalización, sin que resulte necesario que otorgue dicho juramento o promesa, en forma solemne.

13. Francia

En Francia, el Código Civil francés dispone que la nacionalidad francesa puede adquirirse a través de seis vías distintas[71]: filiación, matrimonio, nacimiento, residencia en Francia, declaración de nacionalidad o por decisión de la autoridad pública. Adquirida la nacionalidad francesa, se prevé la organización y celebración de una

---

70   Ley n.º 359/2003 relativa a la ciudadanía finlandesa (*Kansalaisuuslaki 359/2003*) [Fecha de consulta: 30 de junio de 2025]: *https://finlex.fi/fi/lainsaadanto/2003/359?language=fin*

71   Artículos 21 a 21-25-1 del Código Civil francés (*Code Civil française*).

ceremonia de bienvenida a la ciudadanía francesa[72].

En concreto, el Código Civil francés destina únicamente dos preceptos a la regulación de la ceremonia de bienvenida a la ciudadanía francesa: el artículo 21-28, modificado por el artículo 60 de la Ley n.º 2016-274, de 7 de marzo de 2016[73] y el artículo 21-29, creado al amparo del artículo 85 de la Ley n.º 2006-911, de 24 de julio de 2006, relativa a la inmigración y a la integración[74].

Ambas disposiciones se pronuncian, en exclusiva, sobre la organización y la celebración del evento. De ello cabría deducir que la ceremonia de bienvenida a la ciudadanía francesa es un acto solemne, colectivo, que no es *conditio sine qua non* para la plena adquisición de la nacionalidad francesa. En otras palabras, el ordenamiento jurídico francés no exige al interesado que participe en la ceremonia de bienvenida a la ciudadanía francesa para poner fin al proceso por el que se

---

72   Información práctica sobre la ceremonia de bienvenida a la ciudadanía francesa puede encontrarse en el siguiente enlace [Fecha de consulta: 30 de junio de 2025]:
https://www.service-public.fr/particuliers/vosdroits/F15868
73   *JORF* nº0057, de 8 de marzo de 2016.
74   *JORF* nº170, de 25 de julio de 2006.

adquiere la nacionalidad francesa, tal y como sucede con la jura o promesa de nacionalidad española.

En relación con el evento, cabe mencionar
que, normalmente, la organización correrá a cargo del prefecto del Departamento en el que resida el interesado. En particular, si el ciudadano
viviera en París o en el extranjero, la organización
la asumirá el prefecto de policía o la autoridad
consular competente, respectivamente. Los diputados y senadores electos en el Departamento
están invitados a la ceremonia de bienvenida de
la ciudadanía francesa.

El acto podrá celebrarse en el plazo de los seis
meses siguientes a la adquisición de la nacionalidad francesa. Ahora bien, la fecha de inicio del
cómputo del plazo se fijará atendiendo a la concreta vía a través de la cual el ciudadano adquirió
la nacionalidad francesa. En consecuencia, en los
casos en los que el interesado adquirió la nacionalidad francesa por declaración, el plazo de seis
meses empezará a contar a partir de la fecha de la
inscripción de la declaración de la nacionalidad.
A diferencia de ello, en los supuestos en los que
el ciudadano adquirió la nacionalidad francesa
por naturalización, dicho plazo empezará a contar a partir de la fecha de la publicación del decreto en el Diario Oficial y, respecto de aquellos
asuntos en los que la persona haya adquirido la

nacionalidad francesa por ministerio de la ley al alcanzar la mayoría de edad, tal plazo empezará a contar a partir de la fecha de emisión del primer certificado de nacionalidad francesa[75].

El alcalde, en calidad de Oficial del Registro Civil, oficiará la ceremonia. En ella, el ciudadano recibirá un expediente de acogida con la nacionalidad francesa que contiene los siguientes documentos: una carta de bienvenida del presidente de la República, la Carta de los Derechos y Deberes del Ciudadano Francés, la Declaración de los Derechos del Hombre y del Ciudadano (1789), extractos de la Constitución de la Quinta República y el texto del himno nacional. Según la prefectura, también se podría hacer entrega, durante la ceremonia de bienvenida a la ciudadanía francesa, de los títulos de nacionalidad francesa y de los documentos del estado civil.

La asistencia a la ceremonia de bienvenida a la ciudadanía francesa no es obligatoria, tal y como se ha indicado. Ahora bien, si el interesado es trabajador por cuenta ajena, éste y su cónyuge tienen

---

75 El artículo 31 del Código Civil francés afirma que el director de los servicios de registro judicial del tribunal judicial (*Le directeur des services de greffe judiciaires du tribunal judiciaire*) es la única autoridad competente para expedir un certificado de nacionalidad francesa a cualquier persona que acredite que posee dicha nacionalidad.

derecho a pedir un permiso de, al menos, medio día, para poder ausentarse de su puesto de trabajo, con la finalidad de poder asistir a la ceremonia. El empleador concederá tal permiso, previa presentación de la invitación por parte del trabajador, no siendo posible que su duración se pueda deducir de sus vacaciones anuales pagadas.

En definitiva, la persona que adquiera la nacionalidad francesa (con independencia de que acuda, o no, a la ceremonia de bienvenida a la ciudadanía francesa) gozará de todos los derechos y estará sujeta a todas las obligaciones inherentes a la condición de ciudadano francés, desde la fecha de adquisición de la nacionalidad (art. 22 Código Civil francés, creado al amparo del art. 50 de la Ley n.º 93-933, de 22 de julio de 1993[76]).

14. Grecia

En Grecia, el Código de Nacionalidad Helénica[77], la Ley n.º 3284/2004 sobre la ratificación del

---

76   *JORF* n.º168, de 23 de julio de 1993.
77   Código de Nacionalidad Helénica (*The Greek Nationality Code, as compiled by the Committee constituted under article 18 (22) (d) of Law 2503/1997 (Government Gazette 107/A') by resolution 1529/14 Jan 2003 of the Minister of Interior, Public Administration and Decentralisation*) [Fecha de consulta: 30 de junio de 2025]:

Código de Nacionalidad Helénica[78] y la Ley n.º 3838/2010, que lleva por título "Disposiciones modernas para la ciudadanía griega y la participación política de griegos repatriados e inmigrantes residentes legalmente y otras regulaciones"[79], son las tres normas que regulan las modalidades para la adquisición de la nacionalidad griega.

En ellas, se establece que sólo los ciudadanos que adquieran la nacionalidad helénica por naturalización están obligados a prestar juramento (art. 5 Código de Nacionalidad Helénica). Sirvan

---

https://data.globalcit.eu/NationalDB/docs/GRE%20 Law%203284%202004%20(English).pdf

78   Ley n.º 3284/2004, de 10 de noviembre de 2004, publicada en la Gaceta del Gobierno Griego, sobre la ratificación del Código de la Ciudadanía Griega (*LAW 3284 Ratification of the Greek Nationality Code*) [Fecha de consulta: 30 de junio de 2025]: *https://www.ypes.gr/ UserFiles/24e0c302-6021-4a6b-b7e4-8259e281e5f3/ nomos3284-2004.pdf*

79   Ley n.º 3838/2010, de 24 de marzo de 2010, publicada en la Gaceta del Gobierno Griego, que se titula "Disposiciones modernas para la ciudadanía griega y la participación política de griegos repatriados e inmigrantes residentes legalmente y otras regulaciones" (*LAW 3838 Modern provisions for Greek citizenship and political participation of repatriated Greeks and legally resident immigrants and other regulations*) [Fecha de consulta: 30 de junio de 2025]:
      http://eudocitizenship.eu/admin/?p=file&appl=currentCitizenshipLaws&f=GRE%20Citizenship%20 Code%20%28as%20of%202010%2C%20English%29.pdf

como ejemplo, entre otros, los extranjeros que, en el momento de presentación de la solicitud de adquisición de la nacionalidad helénica por naturalización, tengan dieciocho años, no estén sujetos a una orden de expulsión, ni tengan una apelación judicial pendiente por condena previa o los extranjeros que, aun nacidos en otro Estado, hayan residido legalmente en Grecia durante diez de los últimos doce años, a contar desde la fecha de presentación de la solicitud y siempre que tengan conocimiento suficiente del idioma y de la historia y cultura griegas.

El extranjero que quiera adquirir la nacionalidad helénica por naturalización está obligado a presentar, en el Ayuntamiento de su lugar de residencia, el formulario de solicitud —dirigido al Ministerio del Interior, Administración Pública y Descentralización— junto con la siguiente documentación (art. 6 Código de Nacionalidad Helénica): a) Declaración de naturalización, ante el Alcalde o el Presidente de la Comunidad, en presencia de dos testigos ciudadanos griegos; b) Justificante de pago del depósito establecido por la legislación vigente; c) Copia del pasaporte u otros documentos acreditativos de viaje; d) Permiso de residencia u otro documento que demuestre la residencia legal en el país; e) Certificado de nacimiento o, en su defecto, certificado de bautismo; f) Declaración de la renta o copia de la declaración de la renta del último ejercicio fiscal.

El Ministro de Interior, Administración Pública y Descentralización es la autoridad competente para examinar la solicitud y la documentación adjunta. Con posterioridad, la Oficina responsable de dicho Ministerio citará al interesado a una entrevista, en la que estará presente el Comité de Naturalización, a los solos efectos de que el ciudadano pueda demostrar sus conocimientos sobre el idioma, la historia y la cultura griegas (art. 12 Código de la Nacionalidad Helénica[80]). Si el interesado no acude a la cita, el Ministro de Interior, Administración Pública y Descentralización está facultado para poder rechazar su solicitud de

---

80   El artículo 12 del Código de la Nacionalidad Helénica establece que el Comité de Naturalización, cuya duración será de dos años, está integrado por cinco miembros: el director de la Dirección General de Apoyo Administrativo del Ministerio del Interior, Administración Pública y Descentralización, quien lo presidirá; un miembro del Ministerio del Interior, Administración Pública y Descentralización, con especialización en sociología, de una institución de educación superior, propuesto por el Presidente de la sección local junto con su delegado; un miembro del Ministerio del Interior, Administración Pública y Descentralización, con especialización en psicología, de una institución de educación superior, propuesto por el Presidente de la sección local junto con su delegado; el Jefe de la Dirección de Estado Civil y Municipal del Ministerio del Interior, Administración Pública y Descentralización; y el Jefe de la Sección de Ciudadanía local del Ministerio del Interior, Administración Pública y Descentralización.

naturalización (art. 7 Código de la Nacionalidad Helénica).

La decisión favorable o desfavorable sobre la concesión de la nacionalidad helénica por naturalización la concede el Ministro de Interior, Administración Pública y Descentralización y se publicará en el Boletín Oficial (art. 8.1 Código de Nacionalidad Helénica). Sin embargo, el extranjero no podrá ser considerado, oficialmente, ciudadano griego, hasta que preste juramento.

El interesado debe prestar dicho juramento, en el plazo de un año, a contar desde la fecha de la publicación de la decisión favorable de naturalización en el Boletín Oficial (art. 9.1 Código de Nacionalidad Helénica). En concreto, el juramento se otorgará ante al Secretario General de la Prefectura o, si así lo ordena el Ministro del Interior, Administración Pública y Descentralización, ante una autoridad distinta. En este acto, el interesado debe afirmar (arts. 9.2 y 9.3 Código de Nacionalidad Helénica):

> "Juro mantener la fe en el país, acatar la Constitución y las leyes y cumplir escrupulosamente mis deberes como ciudadano griego"[81].

---

81 A continuación, se escribe el juramento en idioma griego, tal y como figura en el Código de Nacionalidad Helénica: *Ορκίζομαι να φυλάττω πίστη στην Πατρίδα, να*

Ahora bien, en el caso de que el interesado no preste dicho juramento, en el plazo y en la forma estipulados, la decisión favorable de naturalización queda revocada (*vid.* igualmente art. 9.1 Código de Nacionalidad Helénica).

15. Hungría

En Hungría, la Ley de Nacionalidad de Hungría establece que los ciudadanos que hayan adquirido la nacionalidad húngara por naturalización están obligados a prestar juramento o promesa solemne de lealtad al Estado (*állampolgársági eskü o fogadalom*)[82].

El Presidente de la República, a propuesta del Ministro, decidirá sobre si procede la concesión o, en su caso, la denegación de la nacionalidad húngara por naturalización, expidiendo, en el primer supuesto, un certificado de naturalización (art. 6.1 y 6.2 Ley de Nacionalidad de Hungría). En lo que aquí interesa, el solicitante debe prestar juramento o promesa, a su elección, ante el alcalde del lugar de residencia de la persona natura-

---

υπακούω στο Σύνταγμα και τους νόμους και να εκπληρώνω ευσυνείδητα τα καθήκοντά μου ως Έλληνας πολίτης.

82   Ley de Nacionalidad de Hungría (*1993. évi LV. Törvény a magyar állampolgárságról*) [Fecha de consulta: 30 de junio de 2025]: *https://net.jogtar.hu/jogszabaly?docid=99300055.tv*

lizada; ante el jefe del órgano de administración del juramento, a petición y previa aprobación de dicho órgano de administración; o alternativamente, ante el jefe de la misión diplomática húngara en el extranjero (art. 7.1 Ley de Nacionalidad de Hungría).

La persona naturalizada se convierte, oficialmente, en ciudadano húngaro el día en el que presta juramento o promesa de nacionalidad húngara (art. 7.2 Ley de Nacionalidad de Hungría). Ahora bien, si el ciudadano naturalizado falleció antes de poder prestar juramento o promesa o se encuentra en una situación jurídica que le impide prestar dicho juramento o promesa —tal y como podría ser una incapacidad— la adquisición de la nacionalidad húngara se retrotrae a la fecha en la que se expidió el certificado de naturalización (art. 7.3 Ley de Nacionalidad de Hungría).

El texto del juramento reza como sigue (art. 7.4 Ley de Nacionalidad de Hungría):

> "Yo, …, juro considerar a Hungría como mi patria. Seré un ciudadano leal de Hungría, respetaré y haré cumplir la Ley Fundamental y las leyes. Defenderé mi patria con todas mis fuerzas y la serviré con todas mis fuerzas. Que Dios me ayude"[83].

---

83 A continuación, se escribe el texto del juramento, en idioma húngaro, tal y como aparece en la Ley de

En particular, si el ciudadano prefiere otorgar promesa, el texto es idéntico, con la salvedad de que se suprime la palabra "juro" y la expresión "Que Dios me ayude". Por consiguiente, el texto de la promesa dice (art. 7.4.a) Ley de Nacionalidad de Hungría):

> "Yo,..., me comprometo a considerar a Hungría como mi patria. Seré un ciudadano leal de Hungría, respetaré y haré cumplir la Ley Fundamental y las leyes. Defenderé mi patria con todas mis fuerzas y la serviré con todas mis fuerzas"[84].

El juramento (*eskü*) y la promesa (*fogadalom*) de nacionalidad húngaras producen los mismos efectos jurídicos (art. 7.5 Ley de Nacionalidad de Hungría). La diferencia estriba, en esencia, en la elección de una versión religiosa o secular, aten-

---

Nacionalidad de Hungría: *Én,... esküszöm, hogy Magyarországot hazámnak tekintem. Magyarországnak hű állampolgára leszek, az Alaptörvényt és a jogszabályokat tiszteletben tartom és megtartom. Hazámat erőmhöz mérten megvédem, képességeimnek megfelelően szolgálom. Isten engem úgy segéljen.*

84   A continuación, se escribe el texto de la promesa, en idioma húngaro, tal y como figura en la Ley de Nacionalidad de Hungría: *Én,... fogadom, hogy Magyarországot hazámnak tekintem. Magyarországnak hű állampolgára leszek, az Alaptörvényt és a jogszabályokat tiszteletben tartom és megtartom. Hazámat erőmhöz mérten megvédem, képességeimnek megfelelően szolgálom.*

diendo a la concreta ideología religiosa del solicitante.

16. Irlanda

En Irlanda, la jura de nacionalidad irlandesa
se regula en la Ley de Nacionalidad y Ciudadanía
Irlandesa[85] y sus posteriores enmiendas: 1986[86],
1994[87], 2001[88] y 2004[89]. La norma originaria

---

85   Ley de Nacionalidad y Ciudadanía Irlandesa (*Irish Na-
     tionality and Citizenship Act (n.º 26, 1956), revised up-
     dated to 7th April 2025*) [Fecha de consulta: 30 de junio
     de 2025]:
     *https://revisedacts.lawreform.ie/eli/1956/act/26/revi-
     sed/en/pdf?annotations=true*
86   Ley de Nacionalidad y Ciudadanía Irlandesa (*Irish Na-
     tionality and Citizenship Act (n.º 23, 1986)* [Fecha de
     consulta: 30 de junio de 2025]: *https://www.irishstatu-
     tebook.ie/eli/1986/act/23/enacted/en/html*
87   Ley de Nacionalidad y Ciudadanía Irlandesa (*Irish Na-
     tionality and Citizenship Act (n.º 9, 1994)* [Fecha de
     consulta: 30 de junio de 2025]: https://www.irishstatu-
     tebook.ie/eli/1994/act/9/enacted/en/print.html
88   Ley de Nacionalidad y Ciudadanía Irlandesa (*Irish Na-
     tionality and Citizenship Act (n.º 15, 2001)* [Fecha de
     consulta: 30 de junio de 2025]: *https://www.irishstatu-
     tebook.ie/eli/2001/act/15/enacted/en/html*
89   Ley de Nacionalidad y Ciudadanía Irlandesa *Irish Na-
     tionality and Citizenship Act (n.º 38, 2004)* [Fecha de
     consulta: 30 de junio de 2025]: *https://www.irishstatu-
     tebook.ie/eli/2004/act/38/enacted/en/html*

también ha sido modificada por la Ley Civil[90] y desarrollada por los Reglamentos n.º 1/2005[91] y n.º 569/2011[92], ambos sobre nacionalidad y ciudadanía irlandesa.

De conformidad con lo dispuesto en la normativa referenciada, sólo los ciudadanos extranjeros que hayan adquirido la nacionalidad irlandesa por naturalización están obligados a prestar juramento (Parte Tercera de la Ley de Nacionalidad y Ciudadanía Irlandesa, secciones 14 a 20).

En particular, a título de ejemplo, podrían adquirir la nacionalidad irlandesa por naturalización (sección 15 Ley de Nacionalidad y Ciudadanía Irlandesa): el extranjero, mayor de edad, que goce de buena reputación y que haya residido en Irlanda, de manera continuada durante, al menos un año, inmediatamente antes de la fecha de pre-

---

90   Ley Civil (*Civil Law (Miscellaneous Provisions) Act (n.º 23, 2011)*) [Fecha de consulta: 30 de junio de 2025]: *https://www.irishstatutebook.ie/eli/2011/act/23/enacted/en/html*

91   Reglamento n.º 1/2005 sobre nacionalidad y ciudadanía irlandesa (*S.I. No. 1/2005 - Irish Nationality and Citizenship Regulations 2005*) [Fecha de consulta: 30 de junio de 2025]: *https://www.irishstatutebook.ie/eli/2005/si/1/made/en/print*

92   Reglamento n.º 569/2011 sobre nacionalidad y ciudadanía irlandesa (*S.I. No. 569/2011 - Irish Nationality and Citizenship Regulations 2011*) [Fecha de consulta: 30 de junio de 2025]: *https://www.irishstatutebook.ie/eli/2011/si/569/made/en/print*

sentación de la solicitud, siempre que tenga la intención de continuar residiendo en el país después de la naturalización o el cónyuge o la pareja de hecho no nacional de un ciudadano irlandés, siempre que hayan convivido, al menos, durante tres años (sección 15A de la Ley de Nacionalidad y Ciudadanía Irlandesa).

En este contexto, cabe poner de manifiesto que el ministro es la única autoridad que puede expedir el certificado de naturalización, incluso en aquellos supuestos en los que no se cumplan los requisitos que exige la Ley de Nacionalidad y Ciudadanía Irlandesa (sección 14 Ley de Nacionalidad y Ciudadanía Irlandesa).

Ahora bien, esta última situación sólo podrá producirse en los siguientes casos (sección 16.1 Ley de Nacionalidad y Ciudadanía Irlandesa): (a) el solicitante es de ascendencia irlandesa o tiene vínculos con Irlanda; (b) el solicitante es padre, madre o tutor que actúa en nombre de un menor de ascendencia irlandesa o tiene vínculos con Irlanda; (c) el solicitante es ciudadano irlandés naturalizado que actúa en nombre de un hijo menor del solicitante; (d) el solicitante reside o ha residido en el extranjero en el servicio público; (e) el solicitante es una persona refugiada en el sentido expresado en la Convención de las Naciones Unidas sobre el Estatuto de los Refugiados, de 28 de julio de 1951 y en el Protocolo sobre el Estatuto de los Refugiados, de 31 de enero de 1967, o sea apátrida, de acuerdo con lo previsto en la Convención de las Naciones Unidas sobre el Estatuto de los Apátridas, de 28 de septiembre de 1954.

A estos efectos, se considera que el solicitante tiene *vínculos con Irlanda* si tiene parentesco consanguíneo, afinidad o adopción con una persona que sea ciudadana irlandesa o tenga derecho a serlo, o bien, si tenía parentesco consanguíneo, afinidad o adopción con una persona fallecida que, al momento de su fallecimiento, era ciudadano irlandés o tenía derecho a serlo (sección 16.2 Ley de Nacionalidad y Ciudadanía Irlandesa).

El interesado tiene que presentar su solicitud de adquisición de la nacionalidad irlandesa por naturalización, en el formulario prescrito, acompañada del justificante de pago de la tasa y de la documentación que proceda, de conformidad con lo requerido por el ministro (sección 17 Ley de Nacionalidad y Ciudadanía Irlandesa). En esta etapa, el interesado está obligado a prestar juramento.

En particular, el acto de jura consiste en declarar fidelidad a la nación y lealtad al Estado y, también, en comprometerse con observar fielmente las leyes de la Isla de Irlanda y con respetar sus valores democráticos. Sin embargo, la Ley de Nacionalidad y Ciudadanía Irlandesa no regula una concreta fórmula que deba pronunciar el interesado.

El juramento se enmarca en la celebración de una ceremonia solemne de ciudadanía, si así lo decide el ministro, atendiendo a las específicas circunstancias (*vid.* igualmente sección 15 Ley de Nacionalidad y Ciudadanía Irlandesa). Excepcionalmente, el menor de catorce años no está obligado a prestar dicho juramento (sección 15B Ley de Nacionalidad y Ciudadanía Irlandesa).

Después del acto de jura, se expide el certificado de naturalización y, desde la fecha de su emisión y mientras éste permanezca vigente, el ciudadano será considerado, oficialmente, irlandés (sección 18 Ley de Nacionalidad y Ciudadanía Irlandesa).

17. Italia

En Italia, la Ley n.º 91/1992, de 5 de febrero de 1992, regula la ciudadanía italiana[93]. En ella, su artículo 10 establece que el decreto por el que

---

93 Ley n.º 91/1992, de 5 de febrero de 1992, sobre la Ciudadanía Italiana (*Gazzetta Ufficiale della Repubblica Italiana, n.º38, de 15 de febbraio de 1992*) [Fecha de consulta: 30 de junio de 2025]: *https://novecentoweb.com/ciudadania-italiana/ley-91-1992-de-ciudadania-italiana*

se concede la ciudadanía italiana no produce
efectos si la persona a la cual se refiere no presta,
en el plazo de seis meses a contar desde la fecha
de notificación de dicho decreto, juramento de
ser fiel a la República y de observar la Constitución y las leyes del Estado. Por consiguiente, en
Italia, el juramento es el último paso para poder
obtener la nacionalidad italiana.

Después de recibir la carta con la respuesta
positiva a la solicitud de la nacionalidad italiana, a través de la *Piattaforma Notifiche Digitali
di PagoPA S.p.A*[94], el interesado debe prestar
juramento. En la fecha de la notificación, sólo
en el caso de que el sujeto hubiera adquirido la
nacionalidad italiana por razón de matrimonio,
también se podrán solicitar los documentos para
verificar la permanencia del vínculo conyugal,
con fecha posterior al decreto. Entre ellos, a título de ejemplo, cabe citar: el acta de matrimonio
completa expedida por el Ayuntamiento italiano
competente y el acta extranjera correspondiente
y el certificado de antecedentes penales del país
de residencia actual, debidamente legalizado y
traducido. A este respecto, también cabe poner
de manifiesto que, en la fecha de adopción del

---

94   El acceso a la plataforma se encuentra en el siguiente enlace [Fecha de consulta: 30 de junio de 2025]:
https://www.pagopa.it/it/prodotti-e-servizi/send-notifi-
che-digitali/

decreto, no debe haberse producido la disolu-
ción del matrimonio o de la unión civil, ni la separación personal.

Tras la notificación del decreto, el interesado
puede prestar juramento en la *Ufficio di Stato Ci-
vile del Comune* del municipio en el que viva el
ciudadano o, en su caso, en el Consulado italiano situado en el país extranjero de residencia del
interesado (art. 23.1 Ley n.º 91/1992)[95]. Para ello,
el interesado debe estar registrado en el *Anagrafe
Italiani Residenti all'Estero*[96].

La *Ufficio di Stato de su Comune de residencia* proporcionará al interesado dos citas[97]: una
para presentar la documentación requerida y otra
para prestar juramento de la nacionalidad italiana. En la primera cita, el interesado está obligado a presentar, junto con la solicitud de instancia

---

95 Se puede encontrar el Consulado competente para la
tramitación de la adquisición de la nacionalidad italiana y, posteriormente, para la celebración del acto de
jura, en el siguiente enlace [Fecha de consulta: 30 de
junio de 2025]: *https://serviziconsolarionline.esteri.it/
ScoFE/services/consulate/find-consulate.sco*

96 Resulta posible acceder al Registro a través del siguiente enlace [Fecha de consulta: 30 de junio de 2025]:
*https://www.esteri.it/it/servizi-consolari-e-visti/italia-
ni-all-estero/aire_0/*

97 Información práctica relativa al acto de jura de nacionalidad italiana puede encontrarse en el siguiente enlace [Fecha de consulta: 30 de junio de 2025]: https://ita-
liahello.it/es/articolo/respuesta-positiva-el-juramento/

para prestar el juramento de la ciudadanía[98], los siguientes documentos: acta de nacimiento traducida y legalizada; pasaporte o tarjeta de identidad; permiso de residencia; el decreto original; y el recibo de la notificación de la *Prefectura*.

Si todos los documentos están en regla, el interesado será citado para celebrar el acto de jura de nacionalidad italiana. En él, el interesado debe pronunciar la siguiente afirmación:

> "Juro ser fiel a la República y observar la Constitución y las leyes del Estado"[99].

De la expresión se deduce que la prestación del juramento consiste en un acto en virtud del cual el interesado se compromete a cumplir con los deberes y las responsabilidades que derivan de ser ciudadano italiano. En particular, si el ciudadano hubiera obtenido la nacionalidad por razón de matrimonio, el cónyuge también está

---

98   El modelo de solicitud de instancia para prestar el juramento de ciudadanía italiana puede verse en el siguiente enlace [Fecha de consulta: 30 de junio de 2025]: *https://repository.comune.milano.it/s/F4aYpA7GT-NaY9we*

99   A continuación, se escribe, en idioma italiano, el texto de la jura de nacionalidad, tal y como aparece en la Ley n.º 91/1992 sobre Ciudadanía Italiana: *Giuro di essere fedele alla Repubblica e di osservare la Costituzione e le leggi dello Stato.*

obligado a asistir a la ceremonia de la jura de nacionalidad[100].

Al día siguiente de la prestación del juramento, el interesado será, oficialmente, ciudadano italiano. Obtenida la nacionalidad italiana, el sujeto podrá solicitar el pasaporte italiano, acceder a los servicios y derechos sociales proporcionados por el gobierno italiano (lo que incluye la atención médica, la educación y los beneficios sociales) y participar en las elecciones, votando en los asuntos políticos que afecten a Italia.

El plazo para prestar el juramento de fidelidad a la República y a sus leyes es de seis meses, a contar desde la fecha de notificación del decreto, tal y como se indicó con anterioridad. Ahora bien, transcurrido éste, sin que se haya celebrado el acto de jura, el interesado perderá el derecho a obtener la nacionalidad italiana.

En otro orden de cosas, pero relacionado con lo anterior, cabe preguntarse si la obligación de prestar juramento para cumplir con la completa adquisición de la nacionalidad italiana podría no vincular a una persona afectada por una discapa-

---

100 Más información sobre la adquisición de la nacionalidad italiana por matrimonio o unión civil en el siguiente enlace [Fecha de consulta: 30 de junio de 2025]: *https://ambsantiago.esteri.it/es/servizi-consolari-e-visti/servizi-per-il-cittadino-straniero/cittadinanza/ciudadania-por-matrimonio-2/*

cidad, debido a su condición patológica. A este respecto, cabe citar la Sentencia núm. 258 del Tribunal Constitucional italiano, de 8 de noviembre – 7 de diciembre de 2017[101].

En este asunto, se planteó si la Srta. *SK*, que padece epilepsia parcial con generalización secundaria y epilepsia retardada, estaba obligada a prestar juramento para completar el procedimiento por el que se adquiere la nacionalidad italiana. Con carácter general, la ciudadanía italiana se concede al extranjero que resida legalmente (al menos diez años) en Italia, por decreto del Presidente de la República, oído el Consejo de Estado y a propuesta del Ministro del Interior (art. 9.1 Ley n.º 91/1992).

Ahora bien, el decreto por el que se otorga la ciudadanía italiana no produce efectos si la persona no presta juramento de fidelidad a la República y de cumplir la Constitución y las leyes del Estado (*vid*. art. 10 Ley n.º 91/1992)[102]. No obs-

---

101 *Gazzetta Ufficiale della Repubblica Italiana*, n.º 50, de 13 de diciembre de 2017.
    El texto de la Sentencia del Tribunal Constitucional italiano puede leerse en el siguiente enlace [Fecha de consulta: 30 de junio de 2025]: https://www.gazzettaufficiale.it/eli/id/2017/12/13/T-170258/s1

102 Esta postura se refuerza en los artículos 25.1 y 27 del Decreto Presidencial núm. 396, de 3 de noviembre de 2000 (Reglamento para la revisión y simplificación del sistema del estado civil, de conformidad con el artícu-

tante, cabe reflexionar sobre si esta regla general puede contener excepciones, a pesar de que la prestación del juramento se considera un acto personalísimo e indelegable en favor del tutor[103].

El punto de partida puede situarse en el hecho objetivo de que la ciudadanía italiana no puede ser adquirida por quienes no tienen capacidad para comprender las consecuencias morales y jurídicas del juramento, así como el significado que este acto supone en la comunidad italiana. Sin embargo, la Constitución Italiana establece que "es deber de la República remover los obstáculos económicos y sociales que, limitando la libertad y la igualdad de los ciudadanos, impidan el pleno desarrollo de la persona humana" (art. 3 Constitución Italiana[104]).

Al hilo de este precepto constitucional, se crea la Ley n.º 104, de 5 de febrero, sobre asistencia, integración social y derechos de las personas con discapacidad, cuya finalidad es promover la integración social de las personas con discapaci-

---

lo 2, apartado 12, de la ley de 15 de mayo de 1997, núm. 127).

103   Decisión del Consejo de Estado núm. 261/85, de 13 de marzo de 1987.

104   Constitución de la República de Italia (*Constituzione Italiana*) [Fecha de consulta: 30 de junio de 2025]: *https://www.senato.it/sites/default/files/media-docu-ments/Costituzione_SPAGNOLO.pdf*

dad[105]. Para ello, el apartado b) del primer artículo de la norma dispone que la República debe prevenir y eliminar las condiciones que impidan el desarrollo de la persona humana, el logro de los más altos estándares de autonomía y la participación de la persona con discapacidad en la vida de la comunidad, así como la realización de sus derechos civiles, políticos y patrimoniales. En este marco, cabría mencionar la adquisición de la nacionalidad italiana.

Por esta razón, a los efectos de superar estados de marginación y de exclusión social de la persona con discapacidad, el Tribunal Constitucional italiano ha declarado la inconstitucionalidad del artículo 10 de la Ley n.º 91/1992, en la parte en que no prevé que la persona incapaz de cumplir esta obligación, debido a una condición grave y comprobada de discapacidad, esté exenta del juramento.

18. Letonia

En Letonia, las cuestiones relativas a la ciudadanía letona se rigen por lo establecido en la Ley

---

105 Ley n.º 104, de 5 de febrero, sobre asistencia, integración social y derechos de las personas con discapacidad (*Legge n. 104, del 5 febbraio, sull'assistenza, l'integrazione sociale e i diritti delle persone con disabilità, Gazzetta Ufficiale della Repubblica Italiana, n.º 39, de 17 de febbraio de 1992*) [Fecha de consulta: 30 de junio de 2025]: *https://www.gazzettaufficiale.it/eli/id/1992/02/17/092G0108/s*

de Nacionalidad de la República de Letonia[106]. En ella, se establece que los naturalizados y los que soliciten la nacionalidad letona por méritos especiales en beneficio del país están obligados a prestar juramento de lealtad a la República de Letonia (art. 12.1.7.º) y art. 13.1 Ley de Nacionalidad de la República de Letonia).

En relación con esta última categoría, la norma indica que el interesado debe presentar su solicitud ante la *Saeima*, la cual deberá ir acompañada de su autobiografía y de una declaración en la que se ponga de manifiesto que sobre su persona no recae ningún motivo de restricción a la naturalización (arts. 11 y 13.2 Ley de Nacionalidad de la República de Letonia).

En lo que aquí interesa, el ciudadano que haya adquirido la nacionalidad letona, de conformidad con lo expuesto en el párrafo anterior, debe, en una ceremonia solemne, hacer y firmar el siguiente juramento de lealtad a la República de Letonia (art. 18.1 Ley de Nacionalidad de la República de Letonia):

> "Yo, (nombre, apellido), nacido el (fecha de nacimiento), al convertirme en ciudadano de Letonia, prometo ser leal a la República de Letonia.

---

106 Ley de Nacionalidad de la República de Letonia (*Pilsonības likums*) [Fecha de consulta: 30 de junio de 2025]: *https://likumi.lv/ta/id/57512-pilsonibas-likums*

Prometo ser leal a Letonia y cumplir fielmente la Constitución y las leyes de la República de Letonia. Prometo defender la independencia del Estado de Letonia, fortalecer el idioma letón como único idioma estatal y vivir y trabajar honestamente para aumentar el bienestar del Estado y del pueblo de Letonia. Les aseguro que mis acciones nunca irán dirigidas contra Letonia como país independiente y democrático"[107].

El procedimiento del acto de jura (*uzticības zvērests*) será fijado por el Gabinete y sólo se realizará si la autoridad competente ha comprobado previamente que no existen obstáculos para su ejercicio (arts. 18.2 y 18.3 Ley de Nacionalidad de la República de Letonia).

---

107 A continuación, se escribe, en letón, el texto de jura de lealtad a la República de Letonia, tal y como aparece en la Ley de Nacionalidad de la República de Letonia: *Es, (vārds, uzvārds), dzimis (dzimusi) (datums), kļūstot par Latvijas pilsoni, apsolu būt uzticīgs (uzticīga) Latvijas Republikai. Apņemos būt lojāls (lojāla) Latvijai un godprātīgi pildīt Latvijas Republikas Satversmi un likumus. Solos aizstāvēt Latvijas valsts neatkarību, stiprināt latviešu valodu kā vienīgo valsts valodu, godīgi dzīvot un strādāt, lai vairotu Latvijas valsts un tautas labklājību. Apliecinu, ka mana rīcība nekad nebūs vērsta pret Latviju kā neatkarīgu un demokrātisku valsti.*

19. Lituania

En Lituania, las bases, condiciones y procedimiento para la adquisición y la pérdida de la nacionalidad lituana, así como otras cuestiones relacionadas con la ciudadanía, se regulan por la Ley de Nacionalidad de la República de Lituania[108]. En ella, se establece que el ciudadano de la República de Lituania está obligado a respetar la Constitución de la República de Lituania, las leyes y los demás actos jurídicos, así como los Tratados internacionales en los que sea Estado parte la República de Lituania y cumplir con los deberes establecidos en ellos; proteger los intereses del país, contribuir al fortalecimiento de su poder y autoridad y serle fiel (art. 6.2 Ley de Nacionalidad de la República de Lituania).

Sin embargo, sólo los ciudadanos a quienes se les haya concedido la nacionalidad de la República de Lituania mediante un procedimiento simplificado, de naturalización o excepcional, deben prestar juramento público y solemne a la República de Lituania (arts. 18 y 20 Ley de

---

108   Ley de Nacionalidad de la República de Lituania (*Lietuvos Respublikos Pilietybés Istatymas (2010 m. gruodžio 2 d. Nr. XI-1196 Vilnius)*) [Fecha de consulta: 30 de junio de 2025]:
https://e-seimas.lrs.lt/portal/legalAct/lt/TAD/TAIS.387 811/asr

Nacionalidad de la República de Lituania). Excepcionalmente, las personas reconocidas judicialmente como incapaces y los menores de dieciocho años no están obligados a prestar dicho juramento (art. 23.1 Ley de Nacionalidad de la República de Lituania).

El texto del juramento a la República de Lituania dice (art. 23.2 Ley Nacionalidad de la República de Lituania):

> "Yo, (nombre, apellido), al adquirir la ciudadanía de la República de Lituania, juro lealtad incondicional a la República de Lituania, acatar la Constitución y las leyes de la República de Lituania, defender la independencia, la integridad territorial y el orden constitucional del Estado de Lituania. Prometo respetar la lengua, la cultura y las costumbres estatales de Lituania, y fortalecer los cimientos de la democracia lituana y el Estado de derecho. Que Dios me asista"[109].

---

109 A continuación, se escribe el texto en idioma lituano, tal y como aparece en la Ley de Nacionalidad de la República de Lituania: *Aš, (vardas, pavardė), tapdamas (tapdama) Lietuvos Respublikos piliečiu (piliete) be išlygų prisiekiu būti ištikimas (ištikima) Lietuvos Respublikai, laikytis Lietuvos Respublikos Konstitucijos ir įstatymų, ginti Lietuvos valstybės nepriklausomybę, teritorijos vientisumą ir konstitucinę santvarką. Pasižadu gerbti Lietuvos valstybinę kalbą, kultūrą ir papročius, stiprinti*

La norma contempla la posibilidad de que el juramento sea igualmente válido, aun cuando el ciudadano, por motivos de creencia religiosa, decida suprimir la frase "Que Dios me asista" (art. 23.3 Ley de Nacionalidad de la República de Lituania).

Los plazos para otorgar el juramento a la República de Lituania varían en función de la situación en la que se encuentre el solicitante (art. 23.4 Ley de Nacionalidad de la República de Lituania). Así, un apátrida, el ciudadano de un Estado que al adquirir la nacionalidad lituana pierda la nacionalidad de dicho país o el solicitante a quien se le haya concedido la nacionalidad lituana a título excepcional, está obligado a prestar juramento en el plazo de seis meses, a contar desde la fecha en la que entre en vigor el decreto del Presidente de la República relativo a la concesión de la nacionalidad de la República de Lituania.

A diferencia de ello, la persona que haya declarado, por escrito, su voluntad de renunciar a la nacionalidad de otro Estado cuando se le conceda o, en su caso, se le devuelva la nacionalidad de la República de Lituania, debe otorgar juramento en el plazo de dos años, a partir de la fecha en la que entre en vigor el decreto del Presidente de la

---

Lietuvos demokratijos ir teisinės valstybės pagrindus. Tepadeda man Dievas.

República sobre la concesión o la devolución de la ciudadanía de la República de Lituania.

El acto de jura puede realizarse, según proceda, en el Ministerio del Interior de la República de Lituania, ante el Ministro del Interior o ante un viceministro autorizado por éste, o bien, en una misión diplomática u oficina consular de la República de Lituania, ante el jefe de dicha misión diplomática o cónsul (art. 23.5 Ley de Nacionalidad de la República de Lituania). En este último caso, el jefe de la misión diplomática o el cónsul notificarán la identidad de quienes han prestado allí juramento, a la institución autorizada por el Gobierno de la República de Lituania, en el plazo de siete días naturales a contar desde la fecha de prestación de juramento (art. 23.11 Ley de Nacionalidad de la República de Lituania).

El procedimiento para prestar juramento a la República de Lituania será establecido por el gobierno de la República de Lituania (art. 23.10 Ley de Nacionalidad de la República de Lituania). En particular, la norma establece que, en ese acto solemne, la persona prestará juramento de pie, frente a quien lo juramentó. Leerá el texto del juramento y colocará la mano sobre la Constitución de la República de Lituania. Después de pronunciar el juramento, lo firmará y se lo entregará a la autoridad que lo juramentó (art. 23.6 Ley de Nacionalidad de la República de Lituania).

Este procedimiento no se realizará por aquellas personas que, por razón de discapacidad, no puedan hacerlo (art. 23.7 Ley de Nacionalidad de la República de Lituania). Sin embargo, la norma establece que no habrá prestado juramento la persona que, al pronunciar el texto, lo modifique o se niegue a firmarlo o, en su caso, lo firme con reserva (art. 23.8 Ley de Nacionalidad de la República de Lituania).

En particular, si el sujeto que ha adquirido la nacionalidad de la República de Lituania poseía la nacionalidad de otro país, sólo podrá prestar juramento después de haber presentado, ante la autoridad competente, prueba de que ya no es ciudadano de ese otro Estado (art. 23.9 Ley de Nacionalidad de la República de Lituania). En este marco, si se permitió al ciudadano prestar juramento sin acreditar documentalmente la pérdida de la nacionalidad del otro Estado, el solicitante estará obligado a presentar la evidencia, en el plazo de un año a contar desde el día de prestación de juramento a la República de Lituania, con el objetivo de mantener la nacionalidad lituana (art. 23.13 Ley de Nacionalidad de la República de Lituania). Excepcionalmente, el plazo anual mencionado anteriormente podrá ser prorrogado, por no más de otro año, por parte de la institución autorizada por el gobierno de la República de Lituania (art. 23.14 Ley de Nacionalidad de la República de Lituania).

En definitiva, el solicitante que adquiera la nacionalidad de la República de Lituania a través de un procedimiento simplificado, de naturalización o excepcional, se convertirá, oficialmente, en ciudadano de la República de Lituania después de prestar juramento. Este acto le permitirá disfrutar de los derechos y libertades de los que gozan los ciudadanos de la República de Lituania, si bien, tendrá que cumplir asimismo con sus obligaciones (art. 23.12 Ley de Nacionalidad de la República de Lituania). Por el contrario, quien no esté obligado a prestar dicho juramento, será ciudadano lituano, en los términos expuestos, desde la fecha de entrada en vigor del decreto del Presidente de la República, relativo a la concesión o el retorno de la ciudadanía de la República de Lituania (art. 23.12 *in fine* Ley de Nacionalidad de la República de Lituania).

20. Luxemburgo

En Luxemburgo, las cuestiones relativas a la adquisición y a la pérdida de la nacionalidad luxemburguesa se regulan en la Ley de 8 de marzo de 2017, sobre la Nacionalidad Luxemburguesa[110].

---

110 Ley de 8 de marzo de 2017, sobre la Nacionalidad Luxemburguesa (*Loi du 8 mars 2017 sur la nationalité luxembourgeoise et portant abrogation de la loi du 23 octobre 2008 sur la nationalité luxembourgeoise et de la loi du 7 juin 1989 relative à la transposition des noms*

Esta norma ha sido recientemente modificada por la Ley de 23 de agosto de 2023, relativa a la convivencia intercultural[111].

Ahora bien, los cambios que se han incorporado con la entrada en vigor de dicha Ley no afectan a la cuestión que aquí interesa, que es el acto de jura o promesa de nacionalidad. La razón es que, en el ordenamiento jurídico luxemburgués, no existe el acto solemne de jura o promesa de nacionalidad luxemburguesa.

La Constitución del Gran Ducado de Luxemburgo prevé juramentos de obediencia a la Constitución y a las leyes del Estado, pero éstos deben ser prestados por el Gran Duque de Luxemburgo, los miembros de la Cámara de los Diputados o los funcionarios públicos civiles, en el momento de la toma de posesión del cargo, antes de iniciar sus funciones[112].

---

et prénoms des personnes qui acquièrent ou recouvrent la nationalité luxembourgeoise) [Fecha de consulta: 30 de junio de 2025]:
https://legilux.public.lu/eli/etat/leg/loi/2017/03/08/a289/jo

111 Art. 14 de la Ley de 23 de agosto de 2023, relativa a la convivencia intercultural (*Loi du 23 août 2023 relative au vivre ensemble interculturel et modifiant la loi modifiée du 8 mars 2017 sur la nationalité luxembourgeoise)* [Fecha de consulta: 30 de junio de 2025]:
https://legilux.public.lu/eli/etat/leg/loi/2023/08/23/a545/jo

112 Constitución del Gran Ducado de Luxemburgo (17 de octubre de 1868) [Fecha de consulta: 30 de junio de

Así, el Gran Duque de Luxemburgo, al asumir el trono, está obligado a prestar —lo antes posible y en presencia de la Cámara de los Diputados— el siguiente juramento (art. 5 Constitución de Luxemburgo):

> "Juro observar la Constitución y las leyes del Gran Ducado de Luxemburgo, mantener la independencia nacional y la integridad del territorio así como las libertades públicas e individuales".

El Regente, si lo hubiera, también debe prestar juramento en un sentido similar (art. 8 Constitución de Luxemburgo):

> "Juro fidelidad al Gran Duque. Juro observar la Constitución y las leyes del país".

Los miembros de la Cámara de los Diputados, al tomar posesión de su cargo, también tienen que otorgar juramento, en sesión pública y ante el Presidente de la Cámara. En concreto, el texto dice (art. 57 Constitución de Luxemburgo):

> "Juro fidelidad al Gran Duque, obediencia a la Constitución y a las leyes del Estado".

Todos los funcionarios públicos civiles, antes de tomar posesión del cargo y de desempeñar

---

2025]: https://www.bcn.cl/procesoconstituyente/comparadordeconstituciones/constitucion/lux

sus funciones, deben asimismo prestar juramento, cuya fórmula (al igual que en los supuestos anteriores) viene determinada por la ley (art. 110 Constitución de Luxemburgo):

> "Juro fidelidad al Gran Duque, obediencia a la Constitución y a las leyes del Estado. Prometo desempeñar mis funciones con integridad, exactitud e imparcialidad".

Por tanto, los ciudadanos que adquieran la nacionalidad luxemburguesa por naturalización podrán ser considerados, oficialmente, ciudadanos luxemburgueses, sin necesidad de prestar jura o promesa de nacionalidad porque este acto únicamente queda reservado a las personalidades enumeradas con anterioridad[113].

21. Malta

En Malta, la Ley de Ciudadanía de Malta regula la jura de lealtad al país[114]. En ella, se establece

---

113 En relación con la adquisición de la nacionalidad luxemburguesa por naturalización, véase [Fecha de consulta: 30 de junio de 2025]: *https://guichet.public.lu/ fr/citoyens/citoyennete/nationalite-luxembourgeoise/ acquisition-recouvrement/naturalisation.html*

114 Ley de Ciudadanía de Malta (*Maltese Citizenship Act 21st september 1964*) [Fecha de consulta: 30 de junio de 2025]: *https://legislation.mt/eli/cap/188/eng/pdf*

que el juramento de lealtad al Estado (*Oath of Allegiance*) es obligatorio para todas las personas que hayan adquirido la nacionalidad maltesa por naturalización (art. 10 (5) Ley de Ciudadanía de Malta).

El particular, el texto del juramento de lealtad al país dice (Anexo a Ley de Ciudadanía de Malta):

> "Yo,… juro/afirmo solemnemente que guardaré verdadera fe y lealtad al Pueblo, a la República de Malta y a su Constitución. (Que Dios me ayude)"[115].

Se trata de un acto formal y solemne que interesado debe realizar antes de que el Ministro emita el certificado de naturalización. Al prestar dicho juramento, el nuevo ciudadano se compromete a ser leal a Malta, a observar sus leyes y a respetar su Constitución, lo que le permitirá ser considerado, oficialmente, ciudadano maltés (*vid.* igualmente art. 10 (5) Ley de Ciudadanía de Malta).

---

115 A continuación, se escribe, en maltés, el texto del juramento de lealtad, tal y como figura en la Ley de Ciudadanía de Malta: *Jiena… solennement naħlef/niddikjara li nkun verament fidil u leali lejn il-Poplu u r-Repubblika ta' Malta u lejn il-Kostituzzjoni tagħha. (Hekk Allajgħini).*

22. Países Bajos

En los Países Bajos, la Ley de Nacionalidad Neerlandesa regula la declaración de solidaridad, que equivale a la jura o promesa de nacionalidad neerlandesa (*Verklaring van Solidariteit*)[116]. En ella, se afirma que la persona que adquiere la nacionalidad neerlandesa por opción o por naturalización, debe prestar jura o promesa de nacionalidad durante la celebración de una ceremonia solemne (arts. 6-6a y 7-13 de la Ley de Nacionalidad Neerlandesa, respectivamente).

En particular, si el interesado reside en un Estado distinto de los Países Bajos, la ceremonia podrá celebrarse en la Embajada holandesa o en el Consulado General (art. 8.1.e) Ley de la Nacionalidad Neerlandesa). Durante esa ceremonia, el ciudadano debe leer, en voz alta y en idioma neerlandés, la jura o promesa de respeto a las leyes del Reino de los Países Bajos y de aceptación de sus libertades y de sus derechos fundamentales[117].

---

116 Ley de Nacionalidad Neerlandesa (*Rijkswet op het Nederlanderschap-RWN*) [Fecha de consulta: 30 de junio de 2025]: *https://wetten.overheid.nl/BWBR0003738/2023-10-01*

117 Más información sobre la ceremonia de naturalización puede encontrarse en el siguiente enlace [Fecha de consulta: 30 de junio de 2025]: *https://www.netherlandsworldwide.nl/dutch-nationality/naturalisation-ceremony.es*

El interesado podrá optar por el juramento o por la promesa, atendiendo a su ideología religiosa. Si hubiera elegido el juramento, el texto dice (art. 23.2 Ley de la Nacionalidad Neerlandesa):

> "Juro que respetaré el orden constitucional del Reino de los Países Bajos, sus libertades y derechos y juro cumplir fielmente con los deberes que conlleva la ciudadanía"[118].

A diferencia de ello, si optara por la promesa, el ciudadano debe decir (*vid.* igualmente el art. 23.2 Ley de la Nacionalidad Neerlandesa):

> "Prometo que respetaré el orden constitucional del Reino de los Países Bajos, sus libertades y derechos y juro cumplir fielmente con los deberes que conlleva la ciudadanía"[119].

La persona que realiza el juramento o, en su caso, la promesa, debe añadir como confirma-

---

118 A continuación, se escribe el juramento, en idioma neerlandés, tal y como aparece en la Ley de Nacionalidad Neerlandesa: *Ik zweer dat ik de grondwettelijke orde van het Koninkrijk der Nederlanden, haar vrijheden en rechten zal respecteren, en zweer de plichten die het staatsburgerschap met zich meebrengt getrouw te vervullen.*

119 A continuación, se escribe la promesa en idioma neerlandés: *Ik beloof dat ik de grondwettelijke orde van het Koninkrijk der Nederlanden, haar vrijheden en rechten zal respecteren, en beloof de plichten die het staatsburgerschap met zich meebrengt getrouw te vervullen.*

ción: "Que Dios Todopoderoso me ayude", o
bien: "Declaro y prometo esto" (*vid*. de nuevo el
art. 23.2 Ley de la Nacionalidad Neerlandesa).

El otorgamiento del juramento o de la promesa
debe realizarse, como regla general, en el plazo de
un año, a contar desde la fecha en la que se con-
cedió la naturalización. Ahora bien, el hijo menor
de dieciséis años, cuyo padre solicitó la naturalización, podrá acudir a la ceremonia para prestar juramento o promesa, pero no está obligado a
ello. En este caso, el progenitor podría otorgar jura
o promesa, en nombre del menor. Por el contrario,
si el hijo tiene entre dieciséis y dieciocho años, el
menor sí está obligado a asistir a la ceremonia y a
prestar, él mismo, juramento o promesa (art. 6.2
Ley de la Nacionalidad Neerlandesa).

La ceremonia es el último paso en el proceso
de adquisición de la nacionalidad neerlandesa.
Por esta razón, al igual que sucede en nuestro
ordenamiento jurídico, si el interesado no asiste
a la ceremonia, en el plazo fijado, no podrá obtener la nacionalidad neerlandesa y se verá obligado a presentar, de nuevo, la solicitud para la
adquisición de la nacionalidad neerlandesa por
naturalización o, en su caso, por opción (art. 94.1
Ley de Nacionalidad Neerlandesa).

Después de la celebración del acto de jura o
promesa de nacionalidad, el ciudadano ostentará
la plena nacionalidad neerlandesa y podrá soli-

citar un pasaporte o un documento de identidad neerlandés.

23. Polonia

En Polonia, la Ley de Nacionalidad Polaca regula las cuestiones relativas a la adquisición y a la pérdida de la nacionalidad polaca[120]. Sin embargo, en ella, no tiene cabida la prestación del juramento o promesa de la nacionalidad polaca. Por tanto, el Presidente de la República de Polonia podrá conceder la nacionalidad polaca a los extranjeros que cumplan los requisitos que se fijan en la norma, sin que resulte necesario que el interesado (o su representante legal si fuera menor de edad) tenga que otorgar juramento o promesa de lealtad a la Constitución y a las Leyes del país.

24. Portugal

En Portugal, la Ley n.º 37/81, de 3 de octubre, de Nacionalidad Portuguesa[121] y el Reglamento

---

120 Ley de 2 de abril de 2009 sobre la Nacionalidad de Polonia (*Ustawa o obywatelstwie polskim, z dnia 2 kwietnia 2009 r*) [Fecha de consulta: 30 de junio de 2025]: *https://isap.sejm.gov.pl/isap.nsf/DocDetails.xsp?id=wdu20120000161*

121 Ley n.º 37/81, de 3 de octubre, de Nacionalidad Portuguesa (*Lei n.º 37/81, de 03 de outubro, da nacionalida-*

de Nacionalidad Portuguesa[122], son las dos normas que rigen todos los aspectos relativos a la adquisición y a la pérdida de la nacionalidad portuguesa. Ahora bien, ninguna de ellas prevé la realización de un acto solemne de jura o promesa de la nacionalidad portuguesa.

Sin embargo, aunque no existe dicho acto solemne, en los términos expresados en los ordenamientos jurídicos de otros Estados miembros de la Unión Europea, la adquisición de la nacionalidad portuguesa requiere la prestación de una declaración de voluntad en la que se manifieste el *deseo* de ser ciudadano portugués. Se trata de una declaración no solemne que los siguientes interesados deben realizar:

- El sujeto que adquiera la nacionalidad portuguesa, por adopción o por naturalización. En este caso, el ciudadano tiene que manifestar su deseo de convertirse en ciudadano portugués, el cual sólo producirá efectos a partir de la fecha de registro

---

de, versão *actualizada por la Lei Orgânica n.º 1/2024, de 05/03*) [Fecha de consulta: 30 de junio de 2025]: *https://www.pgdlisboa.pt/leis/lei_mostra_articulado. php?nid=614&tabela=leis*

122 Reglamento de Nacionalidad Portuguesa (*Decreto-Lei n.º 237-A/2006, de 14 de dezembro, versão actualizada por el Decreto-Lei n.º 41/2023, de 02/06*) [Fecha de consulta: 30 de junio de 2025]: *https://www.pgdlisboa. pt/leis/lei_mostra_articulado.php?nid=895&tabela=leis*

(art. 12 del Reglamento de Nacionalidad Portuguesa).

- Las personas nacidas en el extranjero y las nacidas en territorio portugués (arts. 8 y 10 del Reglamento de Nacionalidad Portuguesa).

En el primer supuesto, los hijos de madre o padre portugueses, nacidos en el extranjero, que quieran obtener la nacionalidad portuguesa, deben manifestar su deseo de ser portugueses a través de una de las dos vías siguientes (art. 8.1 del Reglamento de Nacionalidad Portuguesa): declarar que desean ser portugueses o inscribir el nacimiento en el Registro Civil portugués, mediante declaración propia o de sus representantes legales, en el caso de menores o adultos acompañados que necesiten representación para el acto. En ambos supuestos, la declaración de voluntad o, en su caso, la inscripción, deberán ir acompañadas de la prueba de la nacionalidad portuguesa de uno de los progenitores (art. 8.2 del Reglamento de Nacionalidad Portuguesa).

En el segundo caso, se concede la nacionalidad portuguesa a los nacidos en territorio portugués, hijos de extranjeros que no estén al servicio de su respectivo Estado y que no declaren no querer ser portugueses, siempre que, en el momento del nacimiento, uno de los progenitores resida legalmente en territorio portugués o haya residido aquí, durante al menos un año (art. 10.1 del Reglamento de Nacionalidad Portuguesa).

Si no se practicara la declaración menciona-da con anterioridad, el ciudadano podrá adquirir la nacionalidad portuguesa en el momento de la inscripción del nacimiento en el Registro Civil, previa declaración de que los padres no están en territorio portugués al servicio de su respectivo Estado y siempre que presente un documento que acredite la residencia en territorio portugués de uno de los progenitores (art. 10.2 del Regla-mento de Nacionalidad Portuguesa).

- Los hijos menores o mayores de edad. Así, los hijos del progenitor que adquiera la na-cionalidad portuguesa, que sean menores de edad o adultos acompañados que ca-rezcan de representación para el acto, po-drán adquirir la nacionalidad portuguesa si declaran —por sí mismos o a través de sus representantes legales— su deseo de ser ciudadanos portugueses (art. 13.1 del Reglamento de Nacionalidad Portuguesa).

- Los nietos de nacionales portugueses (art. 10-A del Reglamento de Nacionalidad Portuguesa). Las personas con, al menos, un ascendiente de nacionalidad portu-guesa de segundo grado en línea directa que no haya perdido esta nacionalidad, que deseen que se les atribuya la nacio-

nalidad portuguesa, deben cumplir acu-
mulativamente los siguientes requisitos
(art. 10-A.1 del Reglamento de Nacionalidad Portuguesa): declarar que desean ser
portugueses y tener una *conexión efectiva*
con la comunidad nacional.

La declaración relativa al deseo de ser portugués debe ir acompañada de los siguientes
documentos (art. 10-A.3 del Reglamento de Nacionalidad Portuguesa): a) certificado de registro
de nacimiento; b) actas de nacimiento del ascendiente de segundo grado de la línea directa de
nacionalidad portuguesa de origen y del progenitor descendiente del ascendiente; c) certificados de antecedentes penales expedidos por los
servicios portugueses competentes, del país de
nacimiento y de nacionalidad, así como de los
países donde el ascendiente ha tenido y tiene residencia; d) documento que acredite que el ascendiente tiene conocimientos suficientes de la
lengua portuguesa.

Por su parte, la *conexión efectiva* con la comunidad portuguesa se acredita con el conocimiento suficiente del idioma portugués; con no
haber sido condenado, con una sentencia firme,
a una pena de prisión de tres años o más, por un
delito punible bajo la ley portuguesa; y con el hecho objetivo de que no exista peligro o amenaza
para la seguridad o defensa nacional, a través de
su participación en actividades relacionadas con

la práctica del terrorismo (art. 10-A.2 del Reglamento de Nacionalidad Portuguesa).

- El extranjero que haya estado casado (o haya cohabitado) con un ciudadano portugués, durante más de tres años (arts. 14.1 y 14.2 del Reglamento de Nacionalidad Portuguesa).

En el caso del matrimonio, la declaración de voluntad deberá ir acompañada de un certificado de matrimonio y de un certificado de nacimiento del cónyuge portugués (art. 14.3 del Reglamento de Nacionalidad Portuguesa). En el supuesto de unión de hecho, la declaración tendrá que acompañarse de un certificado de la sentencia judicial que reconoce la unión de facto, de un certificado de nacimiento del ciudadano portugués y de una declaración que confirme el mantenimiento de esa unión de hecho (art. 14.4 del Reglamento de Nacionalidad Portuguesa).

De lo expuesto cabe deducir que, a pesar de que el ordenamiento jurídico portugués no contempla la prestación del juramento o de la promesa de lealtad a la Constitución y a las Leyes del Estado, la declaración de voluntad por la que el interesado muestra su deseo de convertirse en ciudadano portugués es prueba suficiente que acredita su máximo compromiso con Portugal.

A lo anterior hay que añadir que las declaraciones de voluntad mencionadas con anterioridad no son gratuitas. El interesado debe abonar por cada una de ellas, aproximadamente, ciento setenta y cinco euros, de conformidad con lo establecido en el artículo 3 del Reglamento de Tasas de los Registros y del Notariado[123].

25. Rumanía

En Rumanía, la Ley de la Ciudadanía Rumana regula el juramento de lealtad al país (*jurământ de credință*)[124]. De conformidad con lo establecido en ella, las personas mayores de edad, cuya solicitud de concesión o de recuperación de la nacionalidad rumana hayan sido aprobadas, están obligadas a prestar juramento de lealtad a Rumanía (art. 10.5 y art. 20.2 *in fine* Ley de Ciudadanía Rumana).

En particular, la aprobación de las solicitudes de concesión o de recuperación de la ciudadanía

---

123 Reglamento de Tasas de los Registros y del Notariado (*Decreto-Lei n.º 322-A/2001, de 14 de dezembro*) [Fecha de consulta: 30 de junio de 2025]: *https://www.pgdlisboa.pt/leis/lei_mostra_articulado. php?nid=471&tabela=leis&ficha=1&pagina=1*

124 Ley n.º 21/1991, de 1 de marzo de 1991, de la Ciudadanía Rumana (*Legea nr. 21 din 1 martie 1991, Monitorul Oficial nr. 576 din 13 august 2010*) [Fecha de consulta: 30 de junio de 2025]: *https://legislatie.just. ro/Public/DetaliiDocument/121439*

rumana se efectúan por orden del Presidente de la Autoridad Nacional de Ciudadanía, a propuesta de la Comisión de Ciudadanía, la cual decidirá, motivadamente, en virtud de los datos y documentos presentados y, también, según la calificación que el solicitante obtuviera en la entrevista (art. 12.1 y 12.2 Ley de Ciudadanía Rumana).

La ceremonia del juramento de fidelidad se graba a través de medios audiovisuales (art. 17 Ley de Ciudadanía Rumana). El juramento de lealtad se presta, en acto solemne, ante el Ministro de Justicia, el Presidente de la Autoridad Nacional de la Ciudadanía o uno de los dos Vicepresidentes de la autoridad delegada para tal efecto. La fórmula que el interesado debe decir es la siguiente (art. 20.5 Ley de Ciudadanía Rumana):

> "Juro ser devoto de la patria y del pueblo rumanos, defender los derechos e intereses nacionales y respetar la Constitución y las Leyes de Rumanía" [125].

Las personas con discapacidad permanente o enfermedad crónica podrán no prestar juramento

---

125 A continuación, se escribe, en rumano, el texto del juramento de fidelidad, tal y como figura en la Ley de Ciudadanía Rumana: *Jur să fiu devotat patriei și poporului român, să apăr drepturile și interesele naționale, să respect Constituția și legile Românie.*

de fidelidad, si así lo estima la Comisión de Ciudadanía, a la luz de la documentación médica presentada (art. 21.7 Ley de Ciudadanía Rumana). Sin embargo, las personas mudas y sordomudas sí lo otorgarán, transcribiendo su fórmula y firmándola y las personas sordas tendrán que recitarlo (art. 20.6 Ley de Ciudadanía Rumana).

Con ocasión del juramento de lealtad, la Autoridad Nacional de Ciudadanía o, en su caso, el jefe de la oficina consular o de la misión diplomática debe (art. 20.1.3.º Ley de Ciudadanía Rumana): a) verificar la identidad de la persona que vaya a prestar juramento de fidelidad con base en el documento que acredite su identidad, comparándolo con las huellas dactilares recogidas en el sistema informático automatizado; b) proceder a la toma de la imagen facial de la persona que vaya a prestar juramento de lealtad, así como de los hijos menores de edad para los que se haya solicitado la concesión o readquisición de la ciudadanía rumana, a efectos de personalización de la tarjeta de ciudadanía rumana; c) obtener el consentimiento escrito de la persona que vaya a prestar juramento de fidelidad sobre la integridad y exactitud de los datos personales, distintos de los biométricos, necesarios para la personalización de la tarjeta de ciudadanía rumana.

La nacionalidad rumana se adquiere en la fecha en la que se realiza el juramento de lealtad a

Rumanía (arts. 13^1.6.º y 20 Ley de Ciudadanía Rumana). Ahora bien, el hijo menor que adquiera la ciudadanía rumana junto con sus progenitores (o con uno de ellos), no está obligado a prestar juramento de fidelidad (art. 20.11 Ley de Ciudadanía Rumana).

En este contexto, si la persona a quien se le ha concedido la nacionalidad rumana no presta el juramento de fidelidad al país en el plazo de un año, a contar desde la fecha de comunicación de la orden del Presidente de la Autoridad Nacional de Ciudadanía o, en su caso, desde la publicación en el Boletín Oficial de Rumanía de la decisión del Gobierno por la que se concede la ciudadanía rumana, se extinguirán los efectos jurídicos que derivan de la concesión (arts. 13^1.7.º, 20.2 y 21.1 Ley de Ciudadanía Rumana).

La decisión sobre la extinción de los efectos jurídicos la toma el Presidente de la Autoridad Nacional de Ciudadanía —previa notificación del Departamento especializado— o, si procede, el jefe de la oficina consular o de la misión diplomática (art. 21.2 Ley de Ciudadanía Rumana). Contra esta decisión, el interesado podrá dirigirse, en el plazo de quince días a contar desde la fecha en la que recibió la comunicación, ante el tribunal competente (art. 21.5 y 37^1 Ley de Ciudadanía Rumana).

Después de que se preste el juramento de fidelidad, la Autoridad Nacional de Ciudadanía

expedirá, en el plazo máximo de sesenta días
desde la fecha en la que se otorgó, la tarjeta de
ciudadanía rumana al beneficiario y, también, un
certificado de ciudadanía provisional, cuya validez será de sesenta días (arts. 20.7 y 20.8 Ley de
Ciudadanía Rumana).

26. Suecia

En Suecia, la Ley de Ciudadanía Sueca, que es
la que regula todos los aspectos relativos a la adquisición y a la pérdida de la nacionalidad sueca,
no contempla un acto solemne de jura o promesa
de lealtad al país[126].

No obstante, la norma sí establece que cada
municipio tiene que organizar, al menos una vez
al año, una ceremonia, cuyo objetivo es dar la
bienvenida a los nuevos ciudadanos suecos (art.
29 *ab initio* Ley de Ciudadanía Sueca). El representante del municipio invitará a esta celebración a cualquier persona que esté registrada en
el municipio, en la fecha de la invitación, que
cumpla las dos condiciones siguientes: que haya

---

126 Ley de Ciudadanía Sueca (*Lag (2001:82) om svenskt me-
      dborgarskap*) [Fecha de consulta: 30 de junio de 2025]:
      *https://www.riksdagen.se/sv/dokument-och-lagar/doku-
      ment/svensk-forfattningssamling/lag-200182-om-svens-
      kt-medborgarskap_sfs-2001-82/*

adquirido la nacionalidad sueca, en los últimos dieciocho meses, a través de una vía distinta de la del nacimiento y que no haya sido invitada previamente a dicha ceremonia (art. 29 *in fine* Ley de Ciudadanía Sueca).

La ceremonia de bienvenida se celebra, normalmente, el día 6 de junio, que coincide con el Día Nacional de Suecia (*Nationaldagen*)[127]. Durante su celebración, que tendrá lugar en el Ayuntamiento, se transmitirá a los nuevos ciudadanos suecos la importancia de la ciudadanía sueca, con arreglo a lo establecido en el artículo 1.1 de la Ley de Ciudadanía Sueca, que establece: "La ciudadanía sueca es una relación jurídica entre el ciudadano y el Estado que conlleva derechos y obligaciones para ambas partes. La ciudadanía une a todos los ciudadanos y representa la afinidad con Suecia".

Por tanto, en Suecia, existe un acto solemne (que es la ceremonia de ciudadanía) y que puede equipararse, en espíritu, a una bienvenida formal para los nuevos ciudadanos suecos. Ahora bien, la asistencia a la ceremonia es voluntaria. Esta ceremonia no constituye un requisito jurídicamente

---

127 Información más detallada sobre el Día Nacional de Suecia y la ceremonia de bienvenida pueden verse en el siguiente enlace [Fecha de consulta: 30 de junio de 2025]: *https://www.cext.es/posts/cultura/seis-de-junio-dia-nacional-de-suecia-2018/*

vinculante porque la nacionalidad sueca se obtiene con la aprobación de la solicitud. Se trata de un acto en virtud del cual se destaca la importancia y el significado de la ciudadanía sueca, se da la bienvenida, formalmente, a los nuevos ciudadanos suecos y se refuerza el vínculo entre el nuevo ciudadano y la sociedad sueca.

En consecuencia, el ordenamiento jurídico sueco no exige al solicitante que preste juramento o promesa de fidelidad al país como parte del procedimiento por el que se adquiere la nacionalidad sueca (incluida la vía de la naturalización). Después de que se apruebe la solicitud, cumplidos todos los requisitos que establece la Ley de Ciudadanía Sueca, el peticionario se convierte, oficialmente, en ciudadano sueco.

VI. CONSIDERACIONES FINALES

La introducción del nuevo apartado tercero del artículo 68 en la Ley 20/2011 del Registro Civil debe valorarse positivamente porque el Notario es la figura especialmente idónea para realizar esta labor, dada su función de fedatario público que proporciona seguridad jurídica, protegiendo los derechos de los ciudadanos y, además, porque la práctica de jura o promesa de nacionalidad ante él agiliza el procedimiento, lo que sin duda beneficia al solicitante que ya ha acreditado todos los requisitos para poder acceder a la ciudadanía española. Desde este postulado, el Notario se consolida como un referente de confianza, garantizando que cada jura se realice conforme a la ley y con el respeto a los derechos de los interesados. En esta ceremonia, el Notario no es sólo un testigo, sino un actor que contribuye a fortalecer el vínculo entre el ciudadano y su nuevo país.

Ahora bien, se han planteado interrogantes sobre la práctica del procedimiento. A este respecto, se concluye que, en este marco, sólo es competente el Notario del lugar del domicilio en España del solicitante que figure en la resolución de concesión de la nacionalidad española por residencia y que la jura o promesa de nacionalidad debe constar en escritura pública, debiendo el Notario otorgante remitir copia auténtica de ésta a la Oficina General del Registro Civil, a los efectos de que el Encargado del Registro Civil practique su inscripción.

Al hilo de esta afirmación cabe señalar que muchos de los Notarios de nuestro país están obligados a soportar un doble tratamiento de la operativa práctica porque el proceso de implantación del nuevo sistema informático DICIREG —que permite el funcionamiento del Registro Civil de manera íntegramente electrónica— todavía no ha finalizado. Esta situación produce efectos ciertamente "caóticos" porque son muchos los

Notarios que tienen que operar, en el ejercicio de su actividad profesional, con libros manuscritos, dos sistemas informáticos y dos leyes distintas de Registro Civil (1957 y 2011), lo que da cuenta de la complejidad a la que se enfrentan.

En el ámbito de la Unión Europea, en virtud de lo establecido en el Reglamento 2016/1191, el ciudadano podrá presentar y hacer valer su escritura pública en la que conste la jura o promesa de nacionalidad y los certificados de nacionalidad y de nacimiento expedidos por el Encargado del Registro Civil español y el impreso multilingüe que acompaña a este último ante las autoridades de otro Estado miembro de la Unión Europea, sin necesidad de superar el trámite de la legalización ni, como regla general, la traducción del documento. En particular, los tres documentos tendrán en los demás Estados miembros la misma autenticidad que el documento público nacional equivalente.

Esta situación conlleva ventajas importantes. En concreto, se alinea con la preservación de los principios de la Unión Europea de confianza mutua y de seguridad jurídica internacional. Entre las ventajas a los ciudadanos, cabe destacar la reducción y la simplificación de los costosos trámites administrativos que se generan en este ámbito, especialmente los de carácter temporal y económico.

Atendiendo a lo expuesto, quisiera hacer referencia a una realidad que, a la luz del avance de la legislación es cada vez más cierta: la función notarial es esencial para garantizar la legalidad y la seguridad jurídica, tanto en el tráfico interno como en el tráfico internacional, focalizado en las operaciones transfronterizas dentro de la Unión Europea.

En este contexto, en el que, según la base de datos *Eurostat*, la ciudadanía de la Unión Europea ofrece aproximadamente a cuatrocientos cincuenta millones de personas, derechos que transcienden las fronteras nacionales, cobran especial relevancia, los procedimientos por los que se adquiere la nacionalidad de un Estado miembro de la Unión Europea y, en lo que aquí interesa, la realización del acto solemne de jura o promesa de fidelidad al país.

Del estudio comparado efectuado en el presente trabajo se concluye que en los ordenamientos jurídicos de veintiún Estados miembros de la Unión Europea (incluida España) existe la figura de la jura o promesa de lealtad al país, con ciertas particularidades.

En dieciséis Estados miembros (Alemania, Austria, Bélgica, Chequia, Chipre, Croacia, Dinamarca, Eslovaquia, Eslovenia, España, Estonia, Grecia, Hungría, Italia, Malta y Rumanía), la declaración de fidelidad a la Constitución del país, a la observancia de sus Leyes y al respeto de sus valores fundamentales constituye un acto público y solemne, que se enmarca normalmente en la celebración de una ceremonia de ciudadanía.

En ella, el nuevo ciudadano, después de que su solicitud por naturalización se haya aprobado, está obligado a prestar, en el plazo fijado por Ley, juramento o promesa de nacionalidad para poder convertirse, oficialmente, en ciudadano de ese Estado miembro. El acto de jura o promesa de nacionalidad se otorga ante la autoridad que en cada país miembro sea competente y de conformidad con el procedimiento fijado en la normativa aplicable. A este respecto, cabe llamar la atención sobre el hecho de que el Notario únicamente figura como autoridad competente en el ordenamiento jurídico español. Ningún otro sistema legal en la Unión Europea le concede ese papel.

El acto de jura o promesa de nacionalidad consiste, habitualmente, en el pronunciamiento, por parte del nuevo ciudadano, de una fórmula, que debe manifestar tal y como está escrita en la ley aplicable en materia de nacionalidad. Ahora bien, los ordenamientos jurídicos de algunos Estados miembros de la Unión Europea introducen ciertas particularidades que se apartan del procedimiento común descrito en los párrafos anteriores. En concreto, cabe citar los sistemas legales de Francia, Irlanda, Letonia, Lituania y los Países Bajos.

En Francia, la ceremonia de bienvenida a la ciudadanía francesa se celebra para todos los nuevos ciudadanos franceses (no sólo para aquellos que han adquirido la nacionalidad francesa por naturalización) y su asistencia es voluntaria.

En Irlanda, la Ley de Nacionalidad y Ciudadanía Irlandesa no prevé la fórmula que el interesado debe pronunciar en concepto de jura o promesa de nacionalidad, sin perjuicio de que sí existe la obligación de declarar lealtad a la Isla de Irlanda y a sus valores democráticos, teniendo el nuevo ciudadano la posibilidad de emplear los términos que estime más apropiados a la hora de reflejar su compromiso con el país.

En Letonia, no sólo los naturalizados, sino también los que soliciten la nacionalidad letona por méritos especiales en beneficio del país, están obligados a prestar juramento o promesa de lealtad a la República de Letonia.

En Lituania, la declaración de fidelidad a la Constitución de la República de Lituania, a sus Leyes y demás actos jurídicos se extiende, además de a los que han adquirido la nacionalidad lituana por naturalización, a aquellos a quienes se les ha concedido en virtud de un procedimiento simplificado y excepcional, en los términos expresados en el presente trabajo.

En los Países Bajos, al igual que sucede en los ordenamientos jurídicos referenciados, el acto de jura o promesa de nacionalidad es obligatorio no sólo para los nuevos ciudadanos que hayan adquirido la nacionalidad neerlandesa por naturalización, sino también los que la hayan obtenido a través de la modalidad de opción.

A los sistemas legales anteriores se añaden los seis cuya normativa aplicable en materia de nacionalidad no regula la declaración de lealtad al Estado miembro de la Unión Europea: Bulgaria, Finlandia, Luxemburgo, Polonia, Portugal y Suecia. En relación con ellos, cabe mencionar que, en estos países, la nacionalidad se adquiere desde la fecha en la que se aprueba la solicitud de la nacionalidad por naturalización o, en su caso, desde el día en el que se emite, por parte de la autoridad competente, el certificado de naturalización.

A este respecto, resulta oportuno poner de manifiesto que, en Portugal y en Suecia, aun cuando no existe, en el sentido expresado a lo largo del presente estudio, el acto solemne de jura o promesa de nacionalidad, sí se regula la manifestación del deseo de convertirse en ciudadano portugués y la celebración de una ceremonia de bienvenida a la ciudadanía sueca.

En definitiva, la jura o promesa de nacionalidad es importante porque simboliza un compromiso solemne y legal del nuevo ciudadano con los valores y la Constitución del Estado miembro de la Unión Europea. En virtud de este acto, se cimentan los valores de lealtad y de integración y se refuerza la cohesión social.

Así, a pesar de que, como es sabido, la atribución de la nacionalidad es una cuestión que queda en manos de cada Estado miembro, la declaración de fidelidad al país pretende potenciar la adhesión de los nuevos ciudadanos a los principios democráticos que son comunes en los veintisiete Estados miembros de la Unión Europea. Se trata de consolidar, con ello, la identidad nacional en un marco de ciudadanía europea compartida y de respeto mutuo.

tirant PRIME

Inteligencia jurídica
en expansión

Trabajamos para
mejorar el día a día
del **operador jurídico**

Adéntrese en el universo
de **soluciones jurídicas**

 96 369 17 28   atencionalcliente@tirantonline.com

prime.tirant.com/es/